西国三十三所観音霊場道中ルート図
上巻 1～19
下巻所収
京都市内の札所
二条城
19 革堂
鴨川
烏丸通
18 六角堂
17 六波羅蜜寺
五条通
16 清水寺
きょうと
今熊野観音寺
15
成相寺 28
29
松尾寺
小浜線
竹生島宝厳寺
30
谷汲山華厳寺
33
北陸本線
山陰本線
播但線
福知山線
加古川線
湖西線
長命寺
31
32 観音正寺
上醍醐准胝堂
三井寺
14
13 石山寺
11
12 岩間寺
10
三室戸寺
穴太寺 21
善峯寺 20
播州清水寺 25
姫新線
圓教寺 27
山陽本線
勝尾寺
23
24
22
中山寺
総持寺
26
法華山一乗寺
JR宝塚線
JR神戸線
関西本線
東海道本線
葛井寺
9 南円堂
5
大和路線
桜井線
8 長谷寺
7 岡寺
6 壺阪寺
阪和線
伊勢神宮
4 槇尾寺
3 粉河寺
和歌山線
2 紀三井寺
紀勢本線
青岸渡寺 1
きのくに線
N

西国三十三所道中案内地図

熊野街道〔伊勢神宮～那智山〕／第一番札所 那智山 青岸渡寺から
第十四番札所 長等山 三井寺・京都市内へ

【上】

森沢 Morisawa Yoshinobu 義信

ナカニシヤ出版

まえがき

本地図帳（上・下巻）は江戸時代後期の一般庶民が、西国三十三所観音霊場を一番から三十三番まで巡拝した時に利用した道の詳細なルートマップである。江戸時代の巡礼の「道中日記」や「西国案内記」、巡礼道・歴史街道に関する様々の文献をもとに、実際に歩いて確認・再現したものである。江戸時代の巡礼道は明治・大正時代まで引き継がれ、現在も一部の廃道を除き歩ける道として残っている。

本書では巡礼道の紹介を伊勢神宮から始めている。これは江戸時代後期の西国巡礼の大多数を占めた東国の巡礼が、まず伊勢神宮に参拝し、それから一番札所の青岸渡寺に向かっているからである。一番札所から三十三番札所まで順番にたどる「順道」と、一部区間順番を逆に歩く「逆打」が江戸後期の主要な巡礼の道であったが、さらに東国の巡礼の行動パターンにのっとり、札所間で廻り道をする「高野廻り」、「吉野廻り」、「比叡越」、「愛宕越」、「兵庫廻り」のルートも同様に地図上に復元した。なお、上巻では一番から十四番園城寺まで、下巻は十五番から三十三番までを案内している。

本地図帳の姉妹編として『西国三十三所道中の今と昔（上・下巻）』（別売）がある。本地図帳のルートや通過ポイント（峠や社寺・道標・石仏など）をより詳しく説明し、「道中日記」や先覚の巡礼資料などから当時の街道の風景・行事・人物などの話題を紹介している。本地図帳だけでも迷うことなく歩けるように考慮し、特に迷いやすい箇所では詳しく説明も加えているが、出かける前に『西国三十三所道中の今と昔』から予備知識を得ておかれることをお勧めしたい。

巻末に「西国三十三所　道中距離表」を付けた。任意に選択したポイント間の距離数を表示したもので、日帰りでの徒歩巡礼の計画立案に利用していただけるものと思う。

目次

＊本書に掲載した地形図は、国土地理院長の承認を得て、同院発行の数値地図25000（地図画像）を複製したものである。（承認番号 平22近複、第6号）

凡例

一　地図上で使用した記号は以下の通りである。

実線（━）ルート（巡礼道）

破線（┅）消滅したり廃道となった巡礼道

●札所寺院（本堂）

○ルート上の神社・寺院・民家など建造物のポイント

□ルート上の建造物以外の鳥居・道標・常夜灯・峠・一里塚などのポイント

＊注：ポイントの位置は街道に対して右・左の位置を正確に示すものではない。

＝街道に架かる橋

道標の標示記号「／」は並列を「・」は空白を表す。左の写真の場合には「右・三わ／なら・道」「左・はせ／いせ・道」となる。また、道標の標示は代表的なものだけで、刻まれた全てを示すものではない。

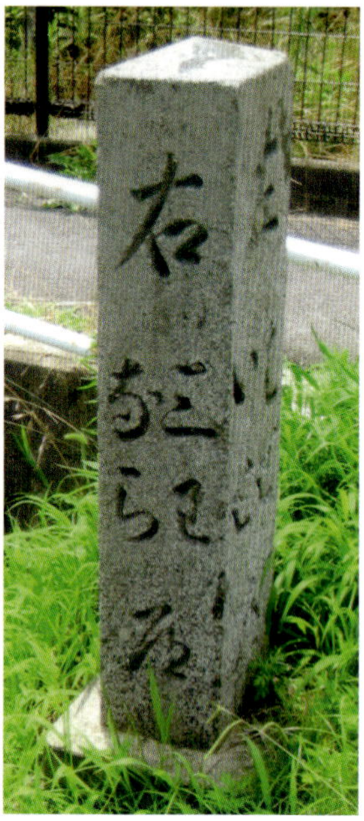

一　各ページに掲載した写真は、できるだけ同じページのポイントに連動するようにした。

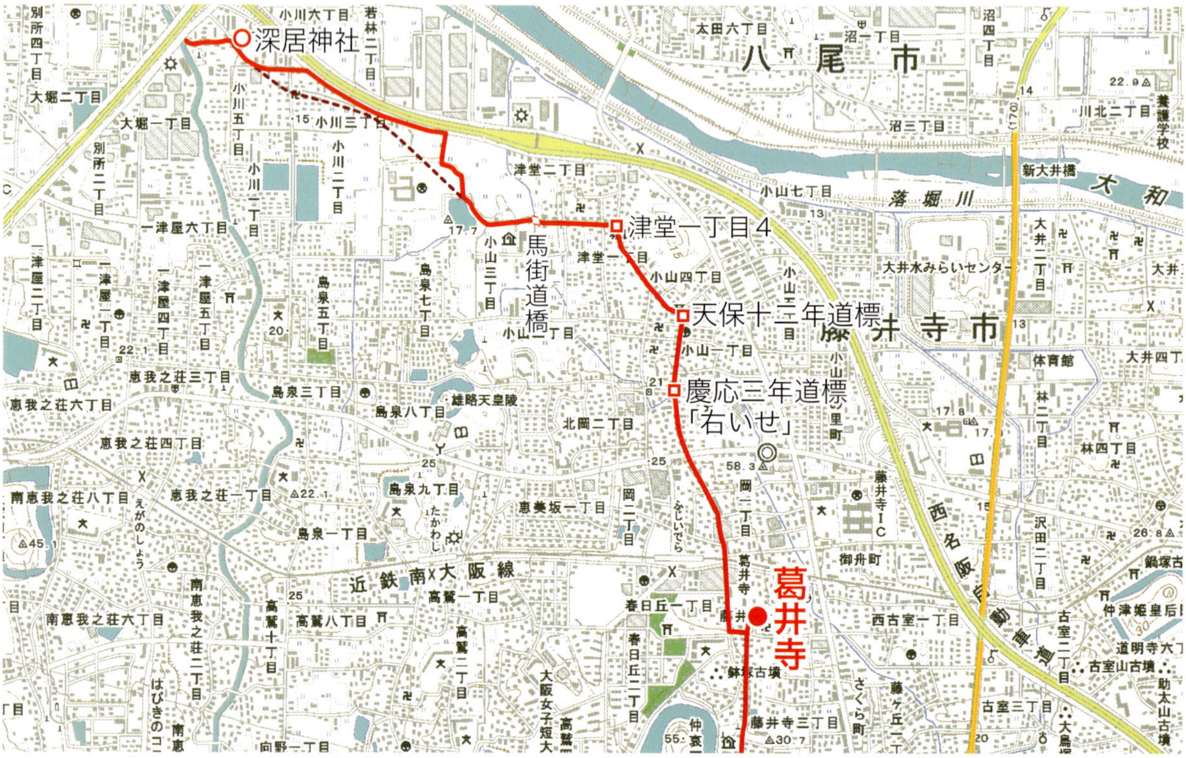

熊野街道・伊勢《いせ》神宮から那智山《なちさん》へ

青岸渡寺

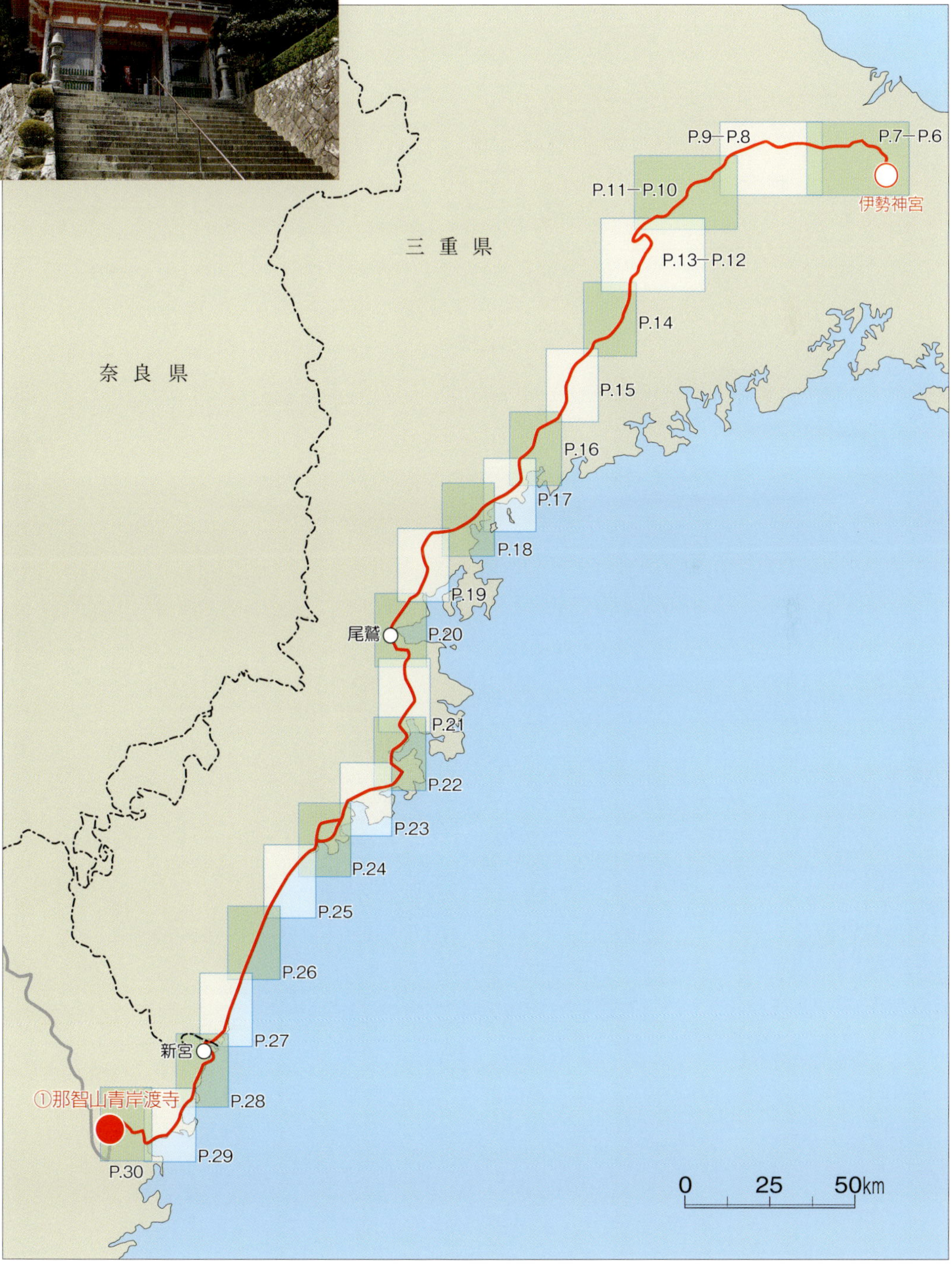

伊勢神宮から那智山へ 1

おかげ横丁

宇治橋

五十鈴川

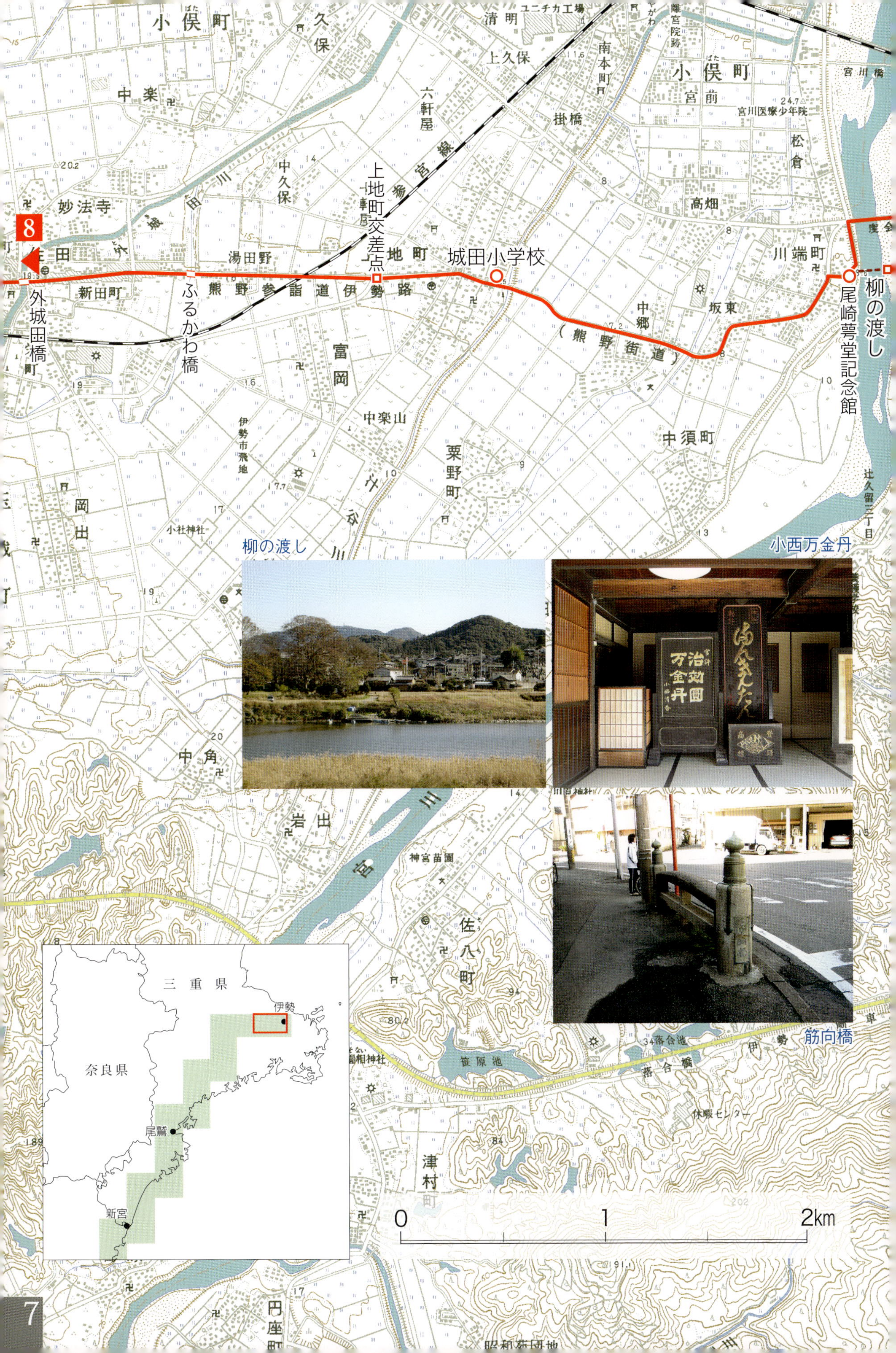

柳の渡し
小西万金丹
筋向橋

天保十年道標

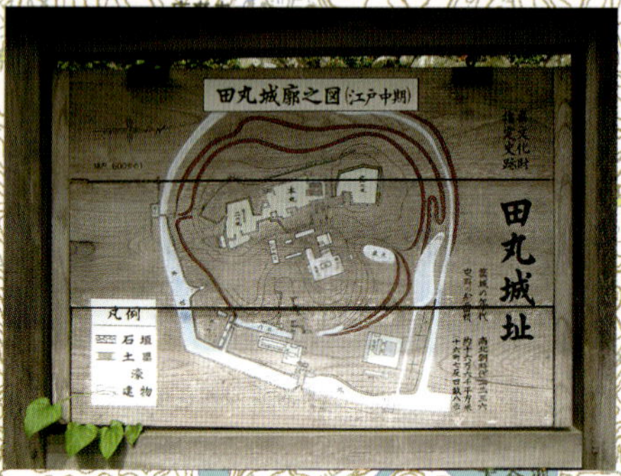

田丸城址の図

東外城田神社

田丸大橋南の文政七年道標

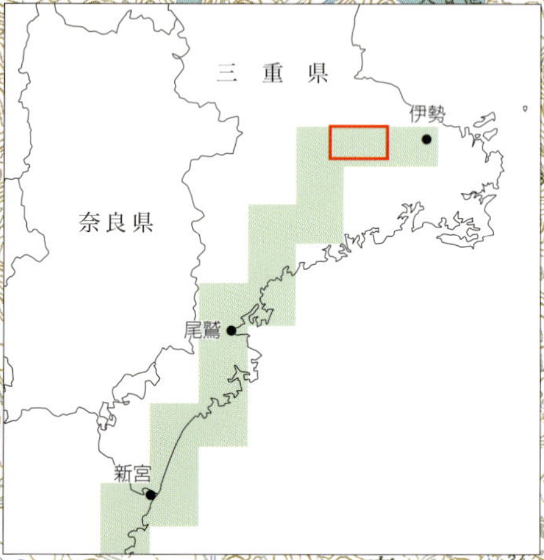

伊勢神宮から那智山へ 2

天保四年道標

永昌寺

女鬼峠

「順礼道引観世音」碑

柳原観音千福寺

浄保法師五輪塔

貞享五年地蔵

阿弥陀寺

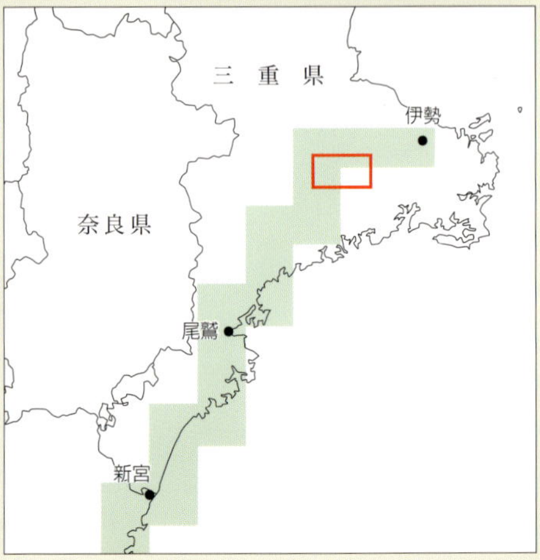

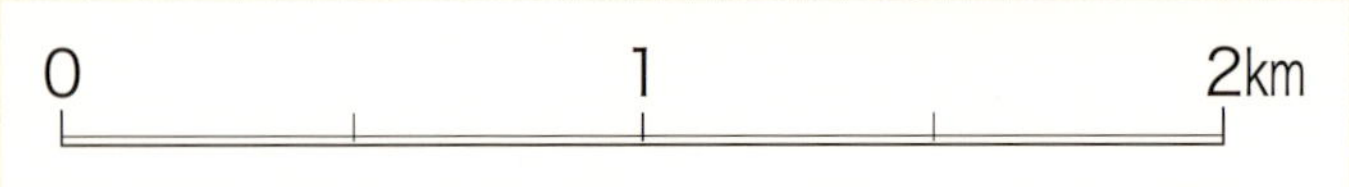

伊勢神宮から那智山へ 3

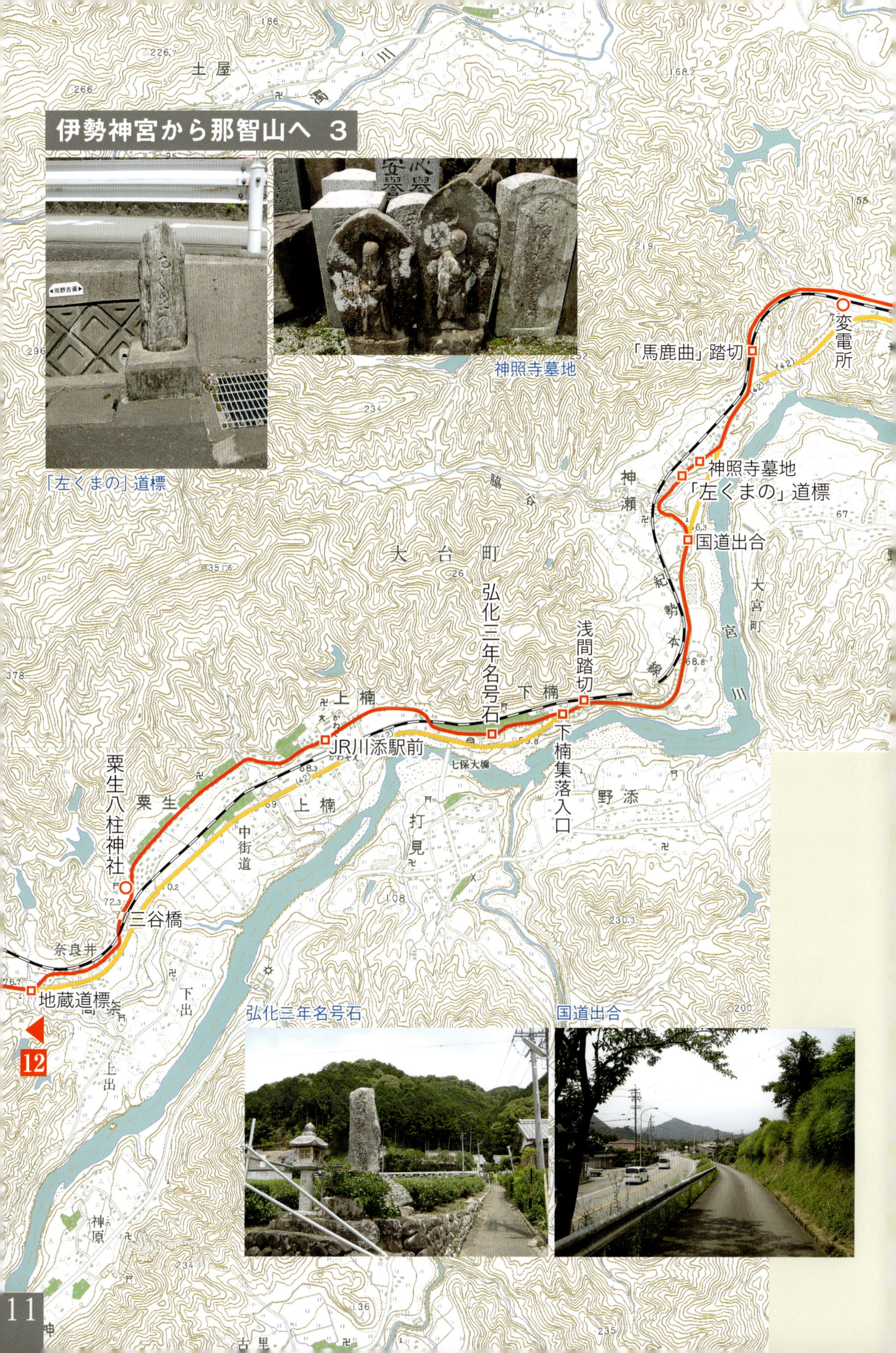

「左くまの」道標

神照寺墓地

弘化三年名号石

国道出合

三谷橋
坂瀬
奈良井
地蔵道標
11
下出
上出
道中安全祈願地蔵
道中安全祈願地蔵
神原
神原
瀬戸
八柱神社
藤川
八野
藤
永会
三瀬の渡し跡
文化七年道標
三瀬坂峠登り口
大宮町
浅間山
733.5
0
1
2km
三重県
奈良県
伊勢
尾鷲
新宮

伊勢神宮から那智山へ 4

大台町
下三瀬
上三瀬
原
八柱神社
観音堂跡
坂瀬峠
慶雲寺
自然石道標「みきくまのみ
三瀬砦跡
湧き水
文化七年道標「左くまのみち」
JR三瀬谷駅前
三船橋
多岐原神社
三瀬の渡し跡
三瀬坂登り口
瀬川
「三瀬坂登り口1800m」標
佐原三差路
舟木橋
舟木大橋
三瀬谷発電所
船木
簡易水道浄水場
「三瀬坂峠600m」標
三瀬坂峠
宮川
下弥起井
弥起井
上弥起井
紀勢本線
川合
菅合
三瀬坂溜め池
坂本一里塚跡
熊野参詣道伊勢路（熊野街道）
滝原宮鳥居
滝原宮
大内山川
頓登
頓登川
滝原
中村
出谷
14
大紀町役場
大ケ所
茅ケ広

三瀬坂溜め池

滝原宮

伊勢神宮から那智山へ 5

阿曽観音堂

寶蔵寺門前

伊勢神宮から那智山へ 6

山崎邸表門

安政三年大師堂

国昌寺分岐

梅ヶ谷駅前

大内山一里塚碑

観音地蔵祠

荷坂峠

荷坂峠登山口

一里塚碑

伊勢神宮から那智山へ 8

安政四年道標

ボラ見台

三浦峠登山口

伊勢神宮から那智山へ 9

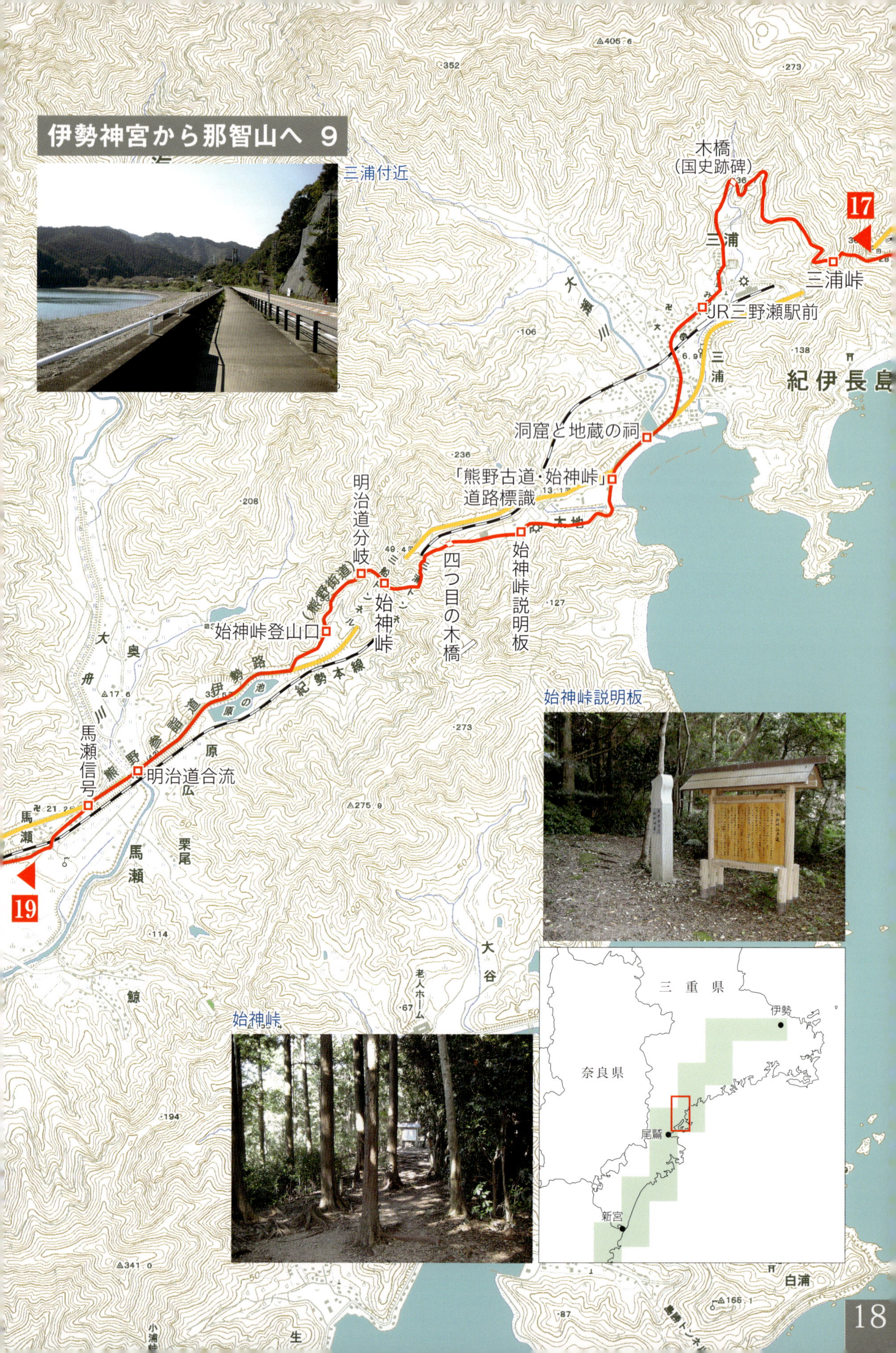

三浦付近

始神峠説明板

始神峠

伊勢神宮から那智山へ 10

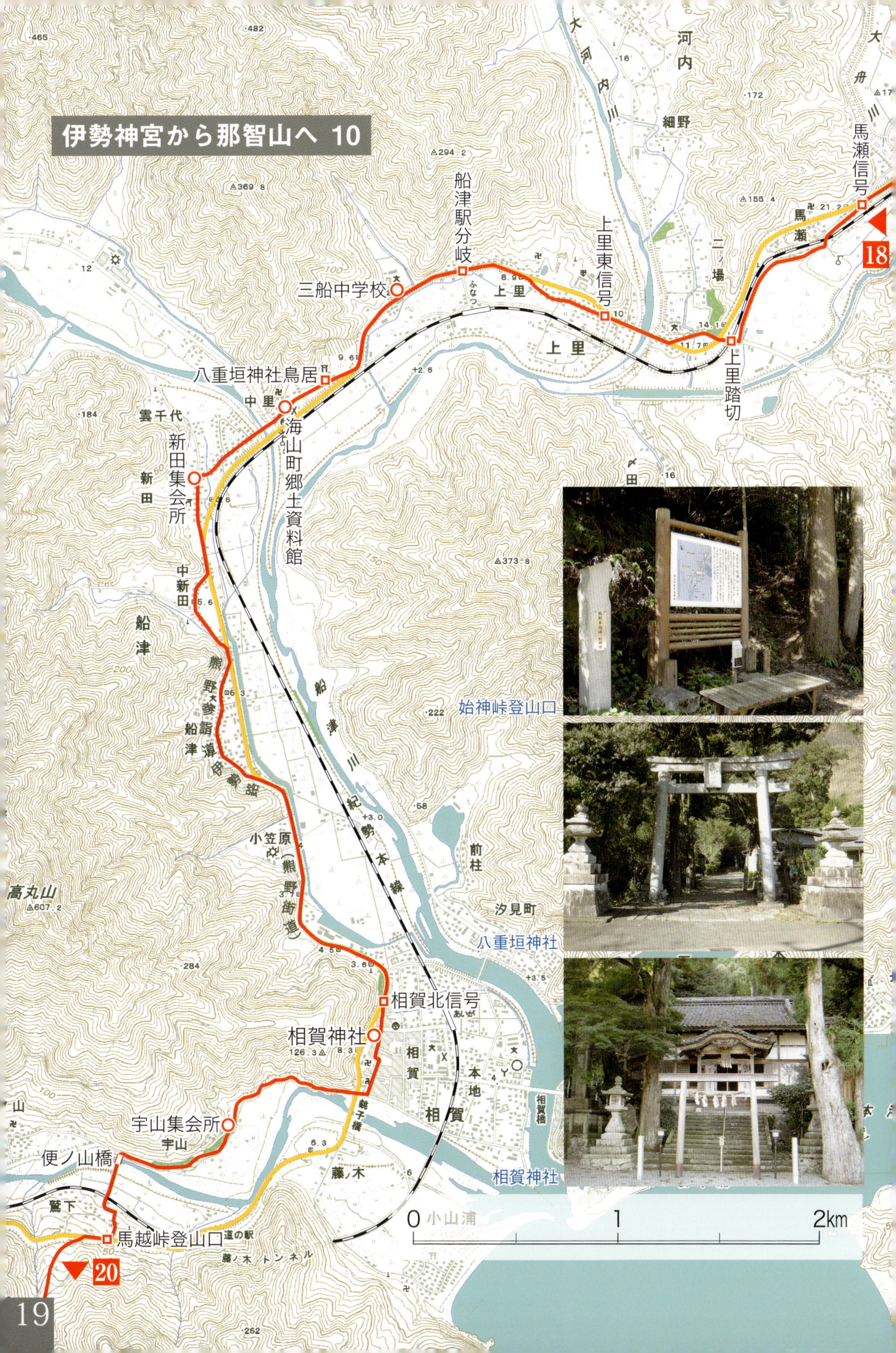

始神峠登山口

八重垣神社

相賀神社

伊勢神宮から那智山へ 11

馬越峠石畳道

天狗倉山

徳本上人名号碑

尾鷲節歌碑

伊勢神宮から那智山へ 12

巡礼供養塔
烏帽子岩
十五郎茶屋の案内

伊勢神宮から那智山へ 13

三木峠登山口

猪垣

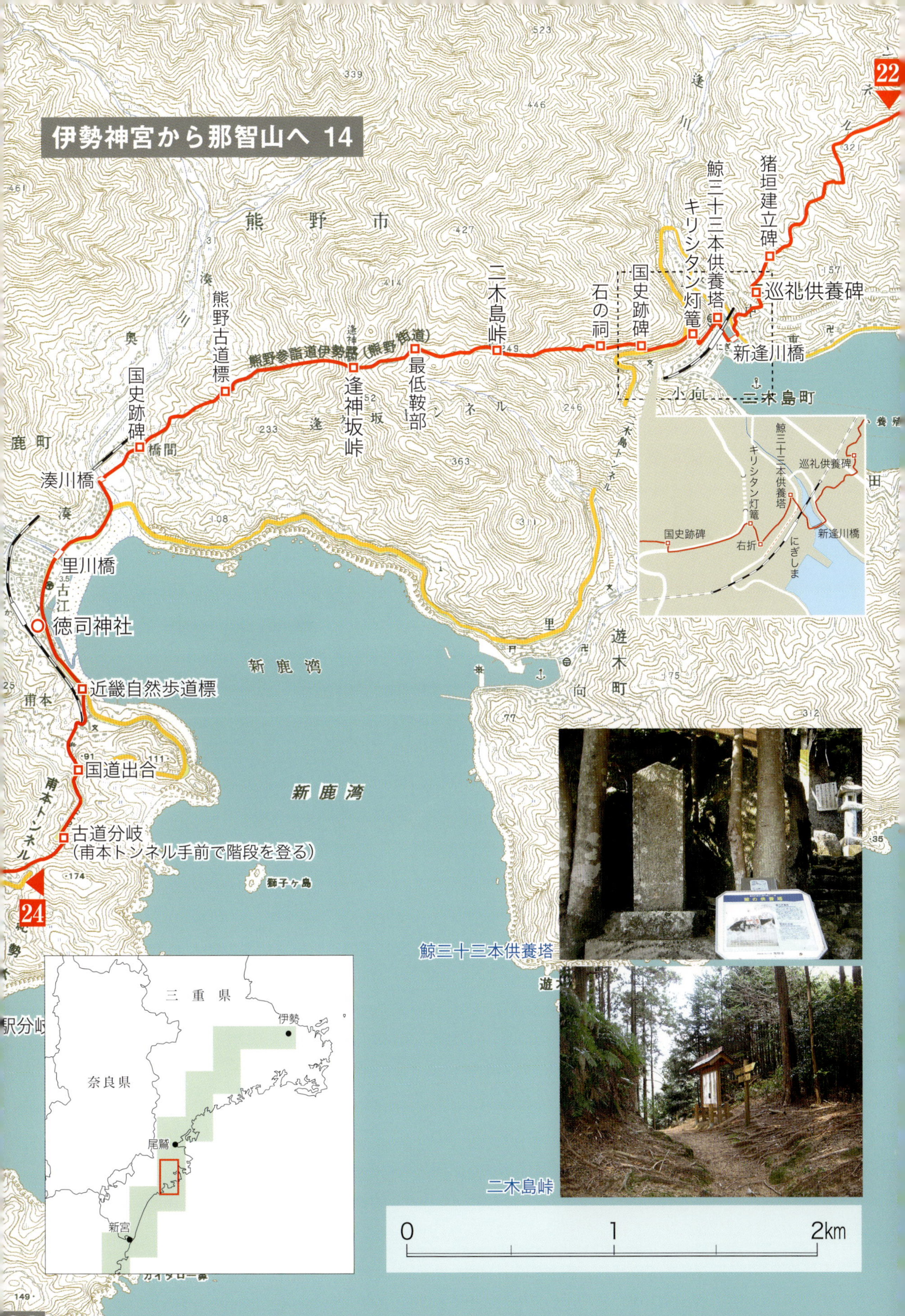

鯨三十三本供養塔
二木島峠

伊勢神宮から那智山へ 15

泊観音登山口

大吹峠・観音道分岐の道標

大吹峠

伊勢神宮から那智山へ 16

伊勢神宮から那智山へ 17

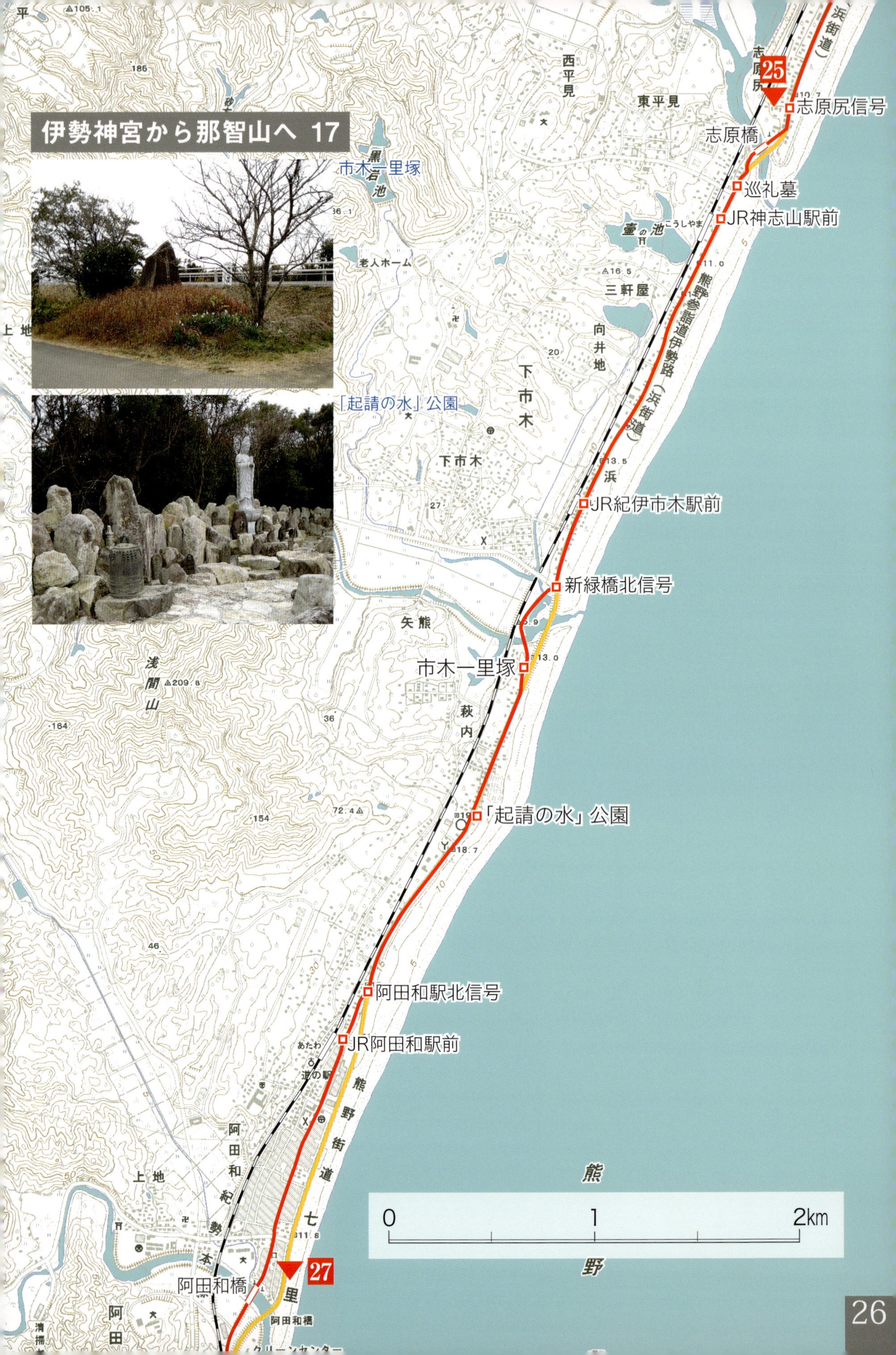

「見松寺」案内板

六部の墓

横手地蔵

伊勢神宮から那智山へ 19

熊野速玉大社

神倉神社

庚申堂（巡礼道は左手の小路）

伊勢神宮から那智山へ 20

峠道入口

佐野王子跡

伊勢神宮から那智山へ 21

王子神社（市野々王子跡）

大門坂

補陀洛山寺

第一番札所 那智山《なちさん》青岸渡寺《せいがんとじ》から
第二番札所 紀三井山《きみいさん》金剛宝寺《こんごうほうじ》（紀三井寺《きみいでら》）へ

紀三井寺

青岸渡寺から紀三井寺へ 1

阿弥陀寺
大雲取越
青岸渡寺
那智大社
那智大滝

青岸渡寺から紀三井寺へ 2

円座石

楠の久保旅籠跡

胴切坂

和歌山
奈良県
和歌山県
御坊
田辺
新宮

地蔵茶屋跡の地蔵堂

34
円座石
熊野川町大山
熊野川町東
倉本
野中
兵連
中川
楠の久保旅籠跡
胴切坂の碑
越前峠
石倉峠
地蔵茶屋跡
林道に合流
32
林道横断
宝竜滝

青岸渡寺から紀三井寺へ 3

万才峠《ばんせとうげ》
415.0
熊野参詣道
35
法山
360
百間ぐら
609.5
378
522
416
林道横断
498
450
賽の河原地蔵
396
石堂茶屋跡
熊野参詣道中辺路
518
(小雲取越)
456
桜峠
515.9
桜茶屋跡
堂ノ坂
尾切地蔵
長井
和田
小和瀬
八木山口
小和瀬橋
小口トンネル
西
老人ホーム
小口
286
256
赤木川
長井トンネル
中川
川町西
0
1
2km
33
円座石
307.4
406
433
倉本
上地

賽の河原地蔵

桜茶屋跡

堂ノ坂からの眺め

小和瀬橋

青岸渡寺から紀三井寺へ 4

熊野川

小雲取越の道

松畑茶屋跡

万才峠分岐

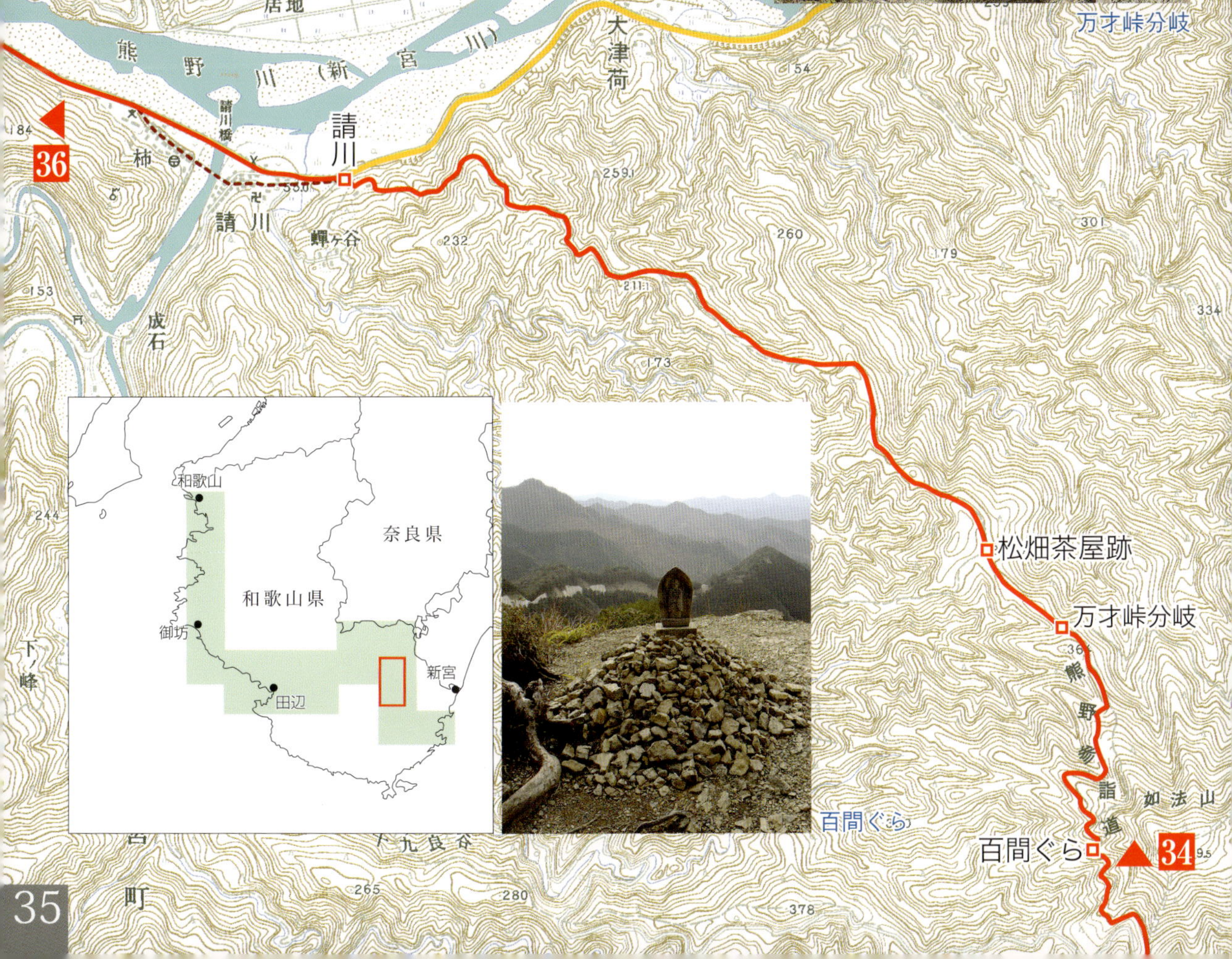

百間ぐら

熊野本宮大社
本宮大社大鳥居
本宮村道路元標
大日越登山口
大斎原
月見ヶ丘神社
鼻欠地蔵
湯峰温泉壺湯
安政二年道標
等三角点
熊野川
熊野古道
大居
大居口
下向橋
平岩
九鬼
草合
上切原
切畑
大日山トンネル
久保野
久保野平
小阪
道光
湯峯
渡瀬
請川
耳打
柿
居地
成石
本宮
平野
大日山
0
1
2km
35
つぼ湯

月見ヶ丘神社

熊野本宮大社

湯峰温泉壺湯

大斎原

青岸渡寺から紀三井寺へ 5

鍋割地蔵
中辺路（熊野街道）出合
柿原茶屋跡

37
崩壊現場
三越峠
湯川王子社
湯川
一里塚跡
お吟地蔵
文化十三年巡礼墓
岩神峠
中辺路町
仲人茶屋跡
中辺路（熊野街道）
草鞋峠
熊瀬川王子跡
小広峠
小広トンネル
熊瀬川谷
不動滝
笠塔峰
平井郷トンネル
本宮町大瀬
0
1
2km

湯川王子社

草鞋峠

火の用心
お吟地蔵

岩神峠

和歌山
奈良県
和歌山県
御坊
田辺
新宮

青岸渡寺から紀三井寺へ 6

秀衡桜

熊野古道

野中の茶屋

小広王子

小広峠
高尾
新高尾
新高尾トンネル
熊野参詣道
寛政六年地蔵
中川王子跡
上地
方杉
秀衡杉
秀衡桜
一方杉
辺路町野中
道中
一里塚跡
比曽原王子跡
旧国道合流
大畑
三差路で左折
小原
水産研究所
「乙女の寝顔」
城峰
一里石
近露王子跡
道中
中辺路町近露
木ノ下
柿平
長井
西谷
下四郎谷
中四郎谷
日置

近露王子跡

比曽原王子跡

40

上福定
風呂谷
中辺路町福定
竹ノ垣内
大塔山
中辺路
逢阪峠
大坂本王子跡
逢坂トンネル
近露王子跡
関ノ平
道中
美術館
39
一里塚跡
道の駅
箸折峠
牛馬童子
峰
柿平
上田和茶屋跡
(熊野街道)
一里塚跡
中辺路
野参詣道
悪四郎山
小判地蔵
悪四郎屋敷跡
辺市
立田川
和歌山
奈良県
和歌山県
御坊
田辺
新宮
0
1
2km

近露

小判地蔵

牛馬童子

大坂本王子跡

青岸渡寺から紀三井寺へ 7

42

針地蔵

大門王子跡

熊野高原神社

高原駐車場からの眺め

中辺路町
白久野
野川
鍛冶屋川
左領
小皆原
中辺路町小皆
十九川《つづらがわ》
十九川
林道横断
古道分岐
中辺路通信所
潮見峠
潮見峠
覗橋
下芝
原之瀬橋
中芝
鍛冶屋川橋
平原
中辺路町栗栖川
飯盛山
鍵平
堂の庭
針地
NHKテレビ中継所
41
上芝
新田
朝来平
戸土
峰
滝尻隧道
滝尻
下谷
谷口
石船川
寺ノ口
庵尾
日浦
中辺路町西谷
中辺
真
和歌山
奈良県
和歌山県
御坊
田辺
新宮

栗栖川

覗橋（一里塚跡）

0 1 2km

青岸渡寺から紀三井寺へ　8

捻木峠

史跡
長尾一里塚跡

長尾一里塚跡

潮見峠

潮見峠

津川
目吉良
伏菟野
無線中継所
槙山
熊野街道
捻木峠
水呑茶屋跡
関所跡
東原
長尾坂下り口
（役行者像）
長尾
県道出合
西原
長尾一里塚跡
峰原
上野
射森峠
浄土山
上富田
六字名号碑
小野原
坂本
上三栖
伝馬所跡
珠簾神社
道端
小川谷
岡川
44

43
六字名号碑
伝馬所跡
珠簾神社
三栖一里塚跡
浄土山
小野
坂本
上三栖
道端
馬場
小川谷
衣笠山
東
堂第一
小川谷川
堂中央
細井
高津
中三栖
堂前
宮後
広
黒谷
南道
野脇
広の岡
岡
前代
下三栖
下ノ岡
会津川
埴田
ラビーム白浜ゴルフ
岩屋谷
葛原
近畿自然歩道
新岡坂トンネル
小郷
奥草
企業団地
城山台
高畑山
中島
射矢ノ谷
岡川
尾崎
岩田
方鹿
養護学校
三宝寺
立平
朝
上田熊
田熊川
0
1
2km
和歌山
奈良県
和歌山県
御坊
新宮
田辺
伝馬所跡

伝馬所跡

珠簾神社

青岸渡寺から紀三井寺へ 9

須佐神社

安政四年道標

青岸渡寺から紀三井寺へ 10

南部の町並み

大神社（芳養王子跡）

鹿島神社

JR岩代駅
岩代王子跡
48
片倉峠
岩代峠
南部峠
南部峠左折
北茶屋橋
南道交差点
中根
東中村
浜
山内
中内
井ノ谷
山原
川原
新庄
茶屋
気佐藤
北道
南道
千里
高磯
大目津
小目津崎
目津崎
紀勢本線
阪和自動車道
南部大橋
南部湾
鹿島

岩代駅前

片倉峠

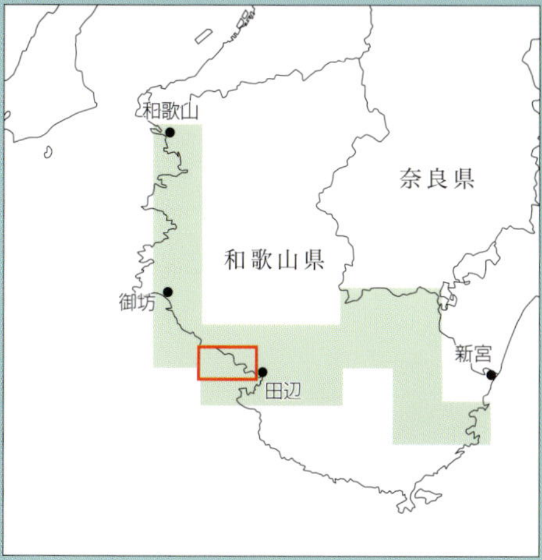
和歌山
奈良県
和歌山県
御坊
新宮
田辺

南部峠の地蔵堂

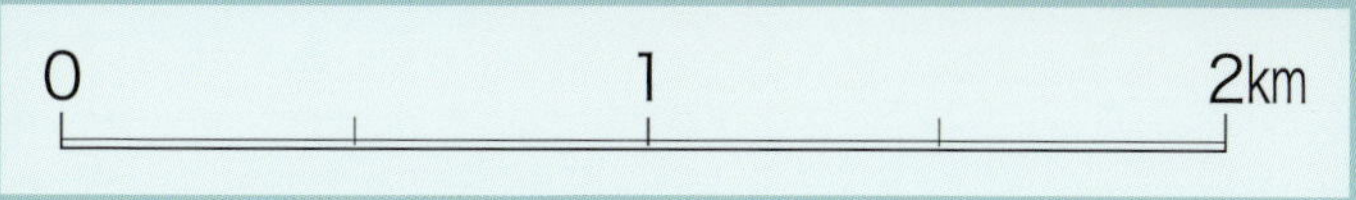
0
1
2km

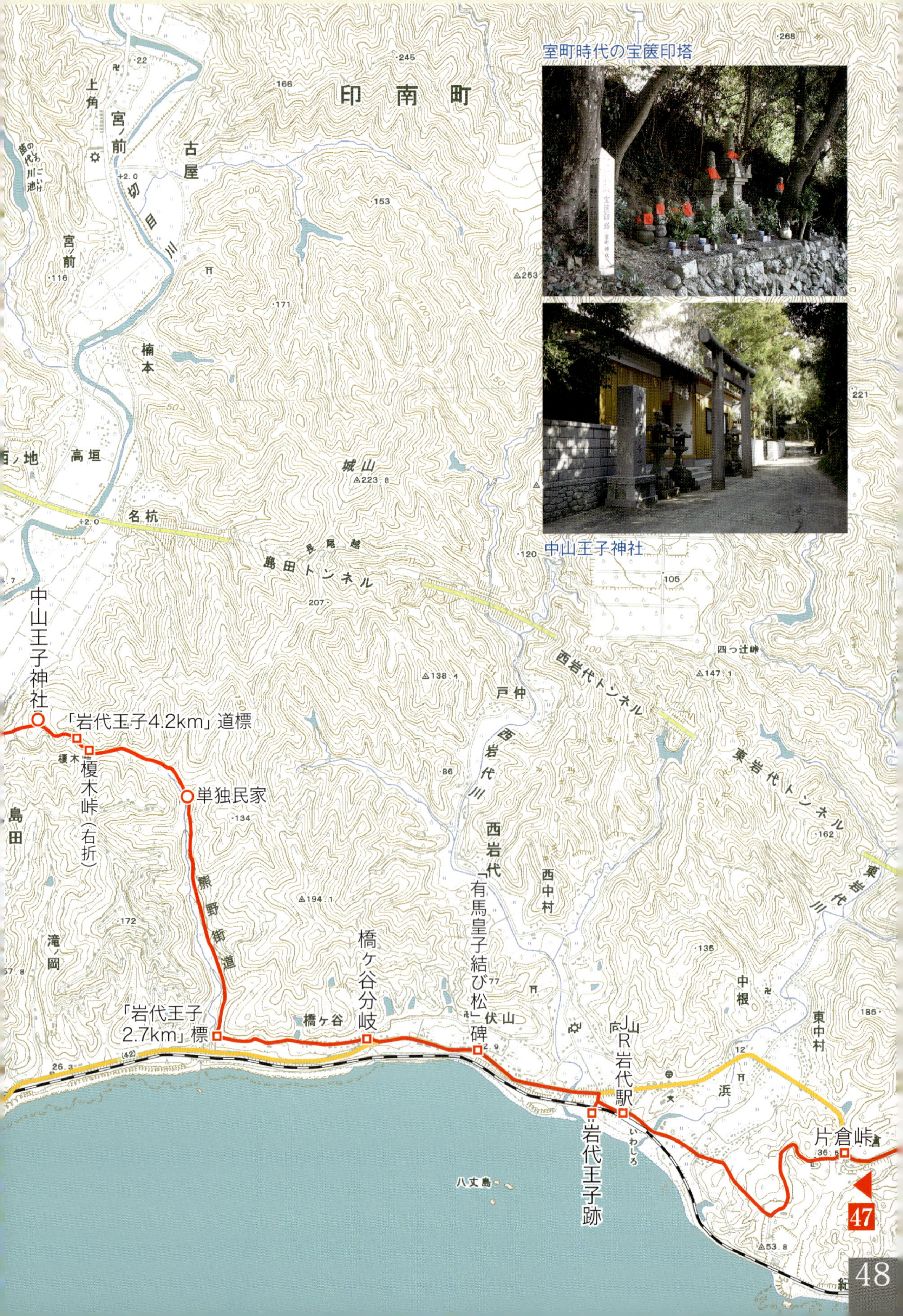

室町時代の宝篋印塔

中山王子神社

青岸渡寺から紀三井寺へ 11

印南漁港

塩屋王子神社
51
塩屋町南塩屋
「観音山公園遊歩道」標
遊歩道起点
祓井戸観音堂
名田一里塚跡
清姫草履塚
中皇命の歌碑
名田町野島
熊野街道
和歌山高専
名田町上野
国道出合
名田町楠井
「御坊市」標柱
浜川橋
49
池内山
蜂山
上野川
楠井川
王子川
尾の崎大橋
かべござき
壁川崎
高座
市
0
1
2km

中皇命の歌碑

清姫草履塚

青岸渡寺から紀三井寺へ 13

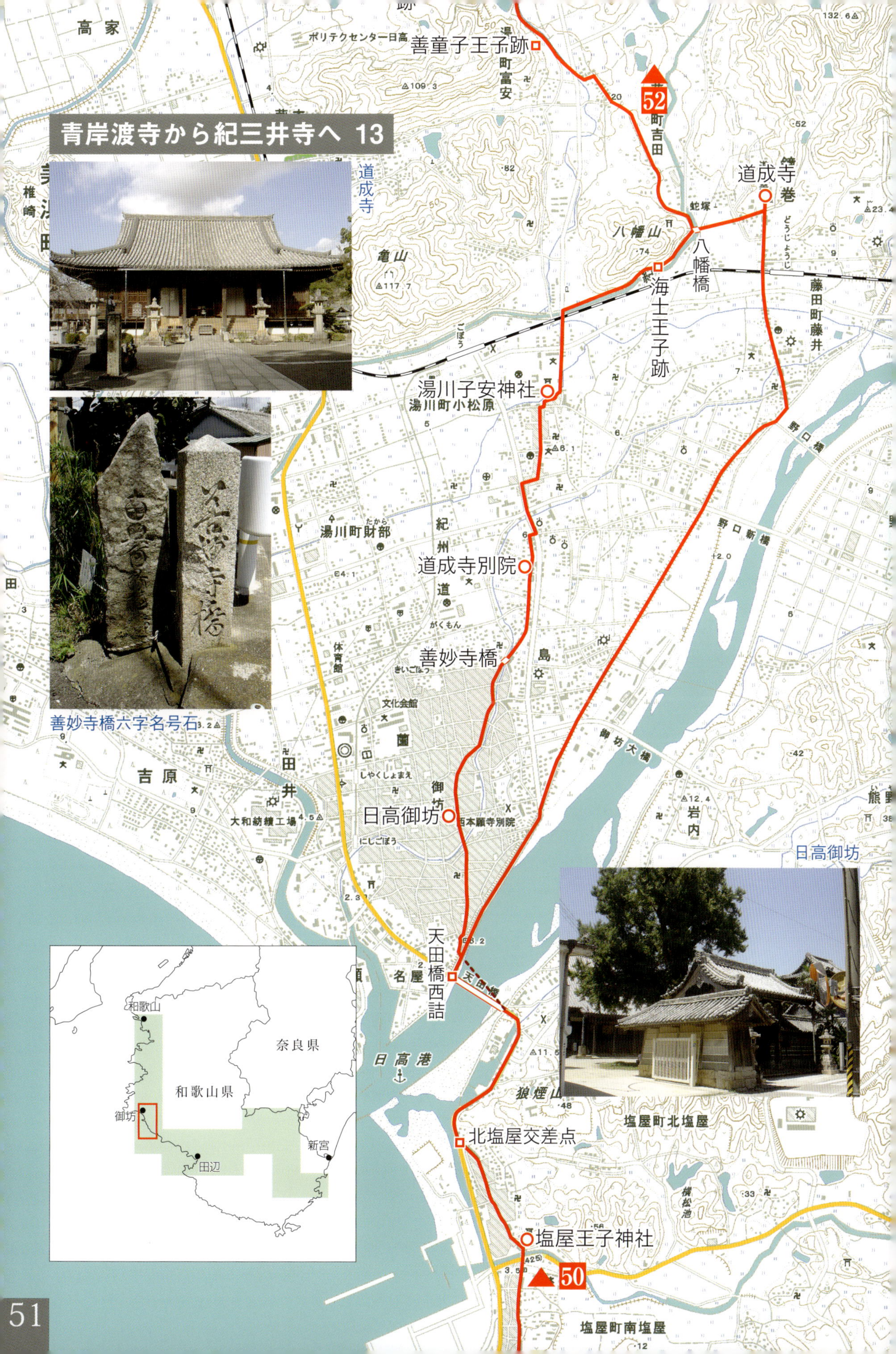

道成寺

善妙寺橋六字名号石

日高御坊

青岸渡寺から紀三井寺へ 14

馬留王子跡

内原王子神社

善童子王子跡

青岸渡寺から紀三井寺へ 15

天皇山
和田
国道横断
高城山
54 名島
湯浅トンネル
柳瀬
東中
広八幡神社
殿信号
広川町
殿
上中野
南金屋
広川マリントンネル
広川IC
国道横断
井関
井関トンネル
熊野古道絵図
天保十四年道標
「左り紀三井寺道」
河瀬
前田
八幡神社
野街道
熊野街道
鹿ヶ瀬
弘化二年道標
「右くまの道」
「是より紀三井寺七里」
享保二十年道標
廃道分岐
鉄柵歩行者用扉
廃道分岐
鹿ヶ瀬峠
小峠
石畳
熊野古道公園入口
題目板碑群
車道終点
猪谷
鳥松山トンネル
鳥松山
山口
52
沓掛王子跡
西畑
夏明
0
1
2km

弘化二年道標

熊野古道公園

題目板碑群

天保十四年道標

青岸渡寺から紀三井寺へ 16

55
宮原町新町
原町東
宮原町須谷
宮原橋
有田川
有田中央大橋
有田東大橋
雲雀山得生寺
糸我町西
糸我稲荷神社
文久四年道標
「すく紀三井寺道」
天保十二年道標
糸我町中番
糸我王子跡
「左くまの道」道標
平見山
熊野古道
糸我峠
吉川
逆川王子跡
弘法井戸
方津戸峠
熊野古道標
飛越橋
顕国神社
栖原
施無畏寺
あやめの浜
明恵紀州遺跡率都婆
北栄橋
重伝建地区入口
湯浅
天保九年道標
「東・(指差) きみゐてら」
湯浅町
湯浅広港
那斎大橋
体育館
広橋
別所
53
国道横断
高城山
天皇山
和田
広
0
1
2km
きみゐてら
雲雀山得生寺

「左くまの道」道標

天保九年道標

青岸渡寺から紀三井寺へ 17

JR加茂郷駅
56
倉庫横の道
阿弥陀寺
(橘本王子跡)
土橋跡
下津町中
下津町小松原
海南市
橘本神社
加茂川
下津町橘本
下津トンネル
下津町青枝
鉢伏山
下津町市坪
阪和自動車道
山路王子神社
熊野街道
下津町沓掛
岳山
拝の峠
下津港展望台
白倉山
蕪坂峠
蕪坂塔下王子跡
太刀の宮
長峰山脈
長峰トンネル
大賀畑
爪書地蔵
農道横断
宮原町畑
山口王子跡
伏原の巡礼墓
前田
市原
宮原町滝
宮原町道
宮原町滝川原
宮原町新町
宮原町東
54
下津町小原
津町塩津
和歌山
奈良県
和歌山県
御坊
田辺
新宮

土橋跡

下津港展望台から拝の峠への道

青岸渡寺から紀三井寺へ 18

紀三井寺
寛政八年名号碑
内原
濱ノ宮分岐
大山
熊野街道
黒江
和歌山・秋月分岐
日方トンネル
浄国寺
一里塚跡
寛政十二年道標
永正寺
日方
井田
汐見峠
春日神社
硯石
JR海南駅前
大野中
山田川
名高
鳥居
日限
「紀三井寺六十五丁」道標
熊野一の鳥居跡
祓戸王子跡分岐
山石油製油所
藤白
藤白神社
海南IC
有馬皇子史跡
冷水
展望案内図
硯石
地蔵峰寺
55
藤白坂
山田
冬野
大池
符谷池
海南市
0
1
2km
和歌山
奈良県
和歌山県
御坊
田辺
新宮

寛政十二年道標

第二番札所 紀三井山《きみいさん》金剛宝寺《こんごうほうじ》（紀三井寺《きみいでら》）から

第三番札所 風猛山《ふうもんさん》粉河寺《こかわでら》へ

粉河寺

紀三井寺から粉河寺へ 1

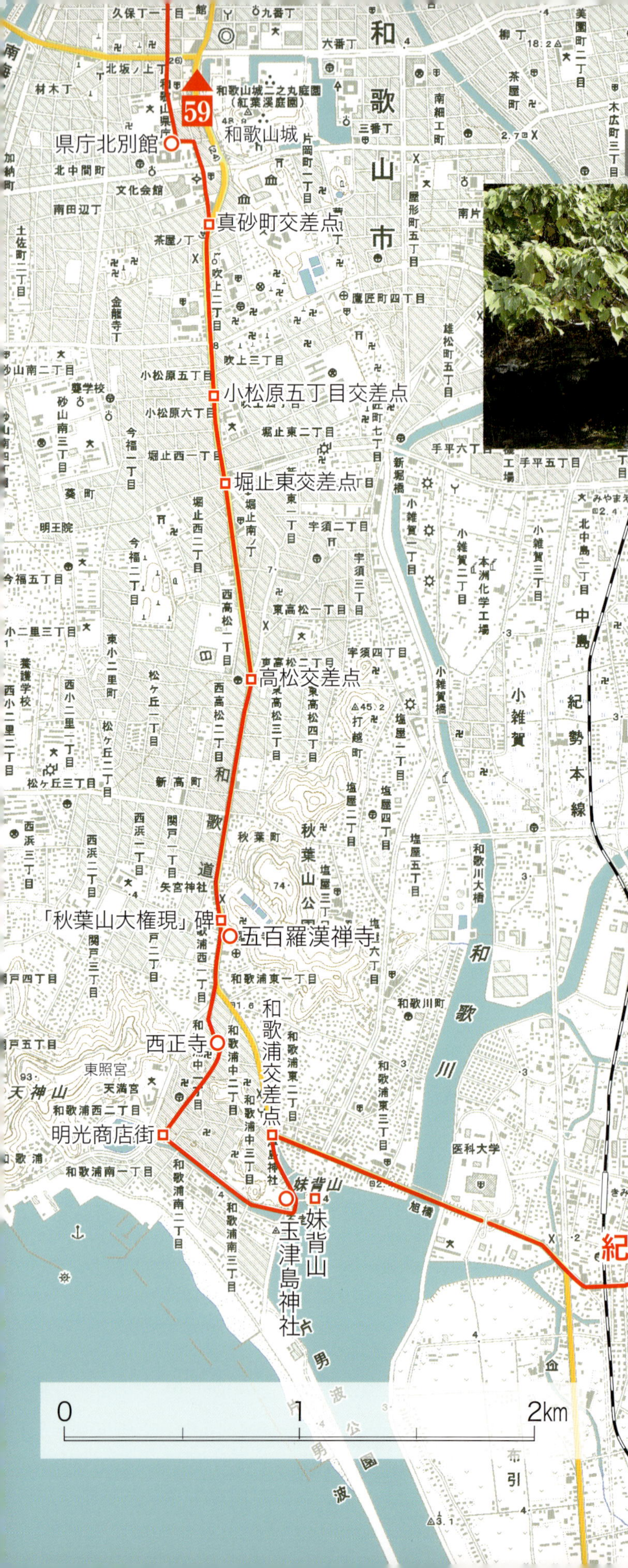

「秋葉山大権現」碑

羅漢寺

三段橋と妹背山

玉津島神社

紀三井寺から粉河寺へ 2

嘉家作丁碑

四箇郷一里塚跡

和歌山城

和歌山城

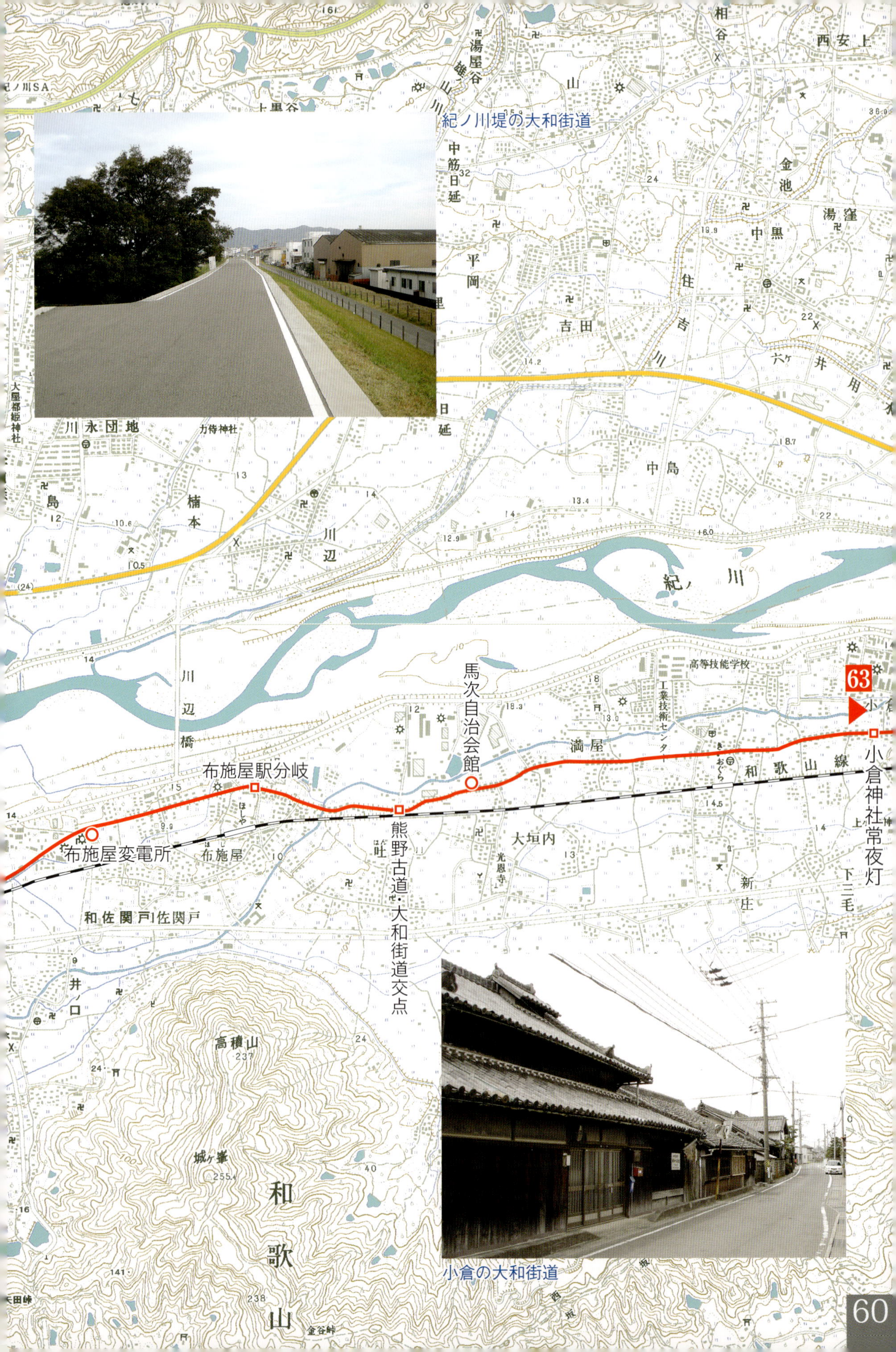
布施屋変電所
布施屋駅分岐
熊野古道・大和街道交点
馬次自治会館
小倉神社常夜灯
63
和歌山線
紀ノ川
川辺橋
布施屋
満屋
大垣内
高積山
城ヶ峯
和歌山
中島
吉田
住吉川
六ヶ井用水
楠本
川辺
川永団地
新庄
下三毛
井ノ口
和佐関戸
高等技能学校
工業技術センター
紀ノ川堤の大和街道

小倉の大和街道

紀三井寺から粉河寺へ　3

明治十八年道標

寛政十年道標

西田中神社
大和街道標石
八幡神社

紀三井寺から粉河寺へ 4

岩出市清水の旧家

小倉神社常夜灯

船戸渡し場跡

文政九年道標

紀三井寺から粉河寺へ 5

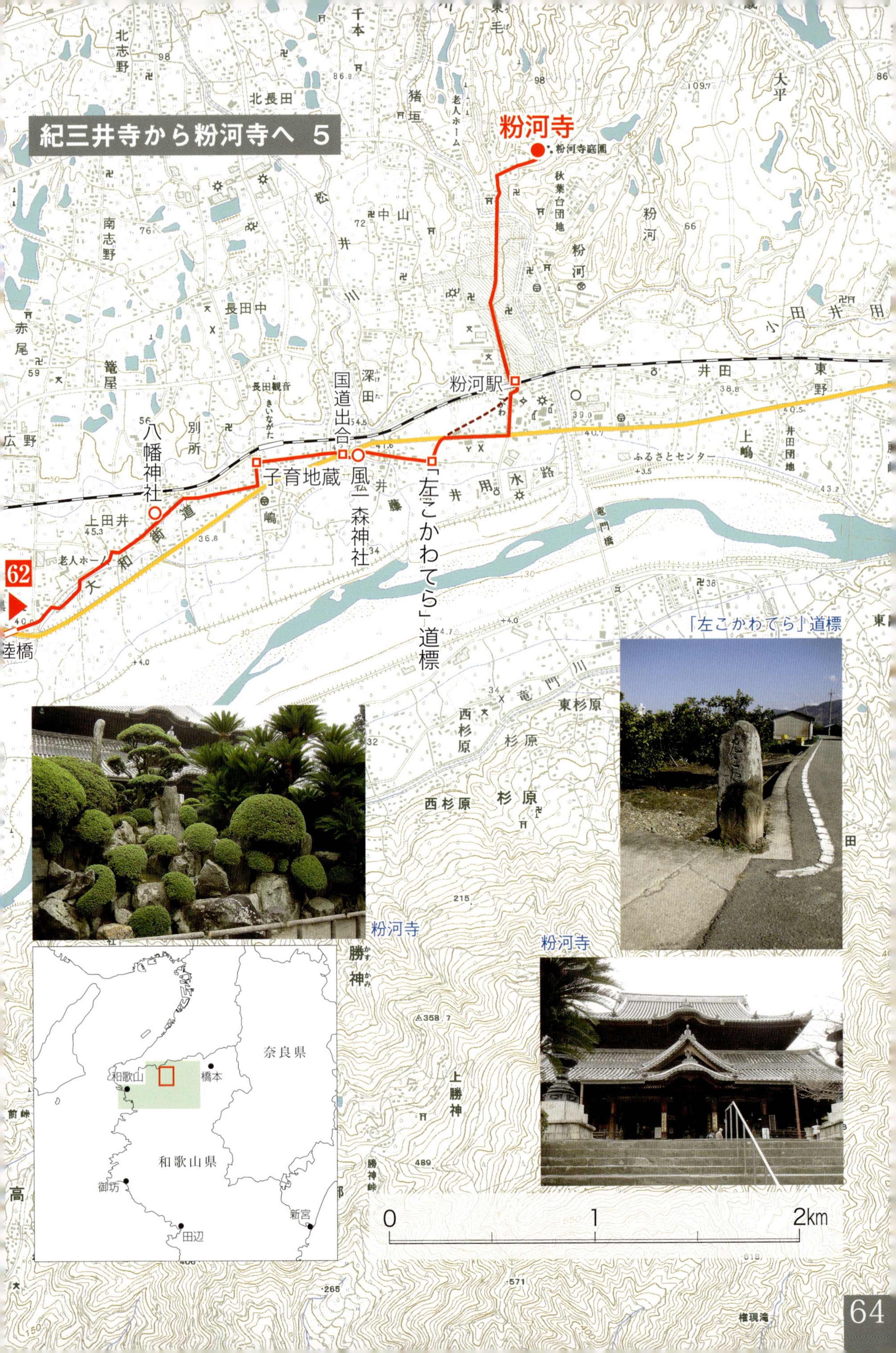

粉河寺

「左こかわてら」道標

粉河寺

第三番札所 風猛山《ふうもんさん》 粉河寺《こかわでら》から
第四番札所 槇尾山《まきのおさん》 施福寺《せふくじ》（槇尾寺《まきおでら》）へ
――檜原越《ひばらごえ》・高野《こうや》廻り

槇尾寺

粉河寺から檜原越で槇尾寺へ 2

広口の集落

遺跡十六勢塚

龍之渡井

粉河寺から檜原越で槇尾寺へ 1

粉河寺から檜原越で槇尾寺へ 3

対空送信所
69
光滝寺分岐
三国山
三国山
宿山
宿山金剛童子
七越峠
経塚山
宝暦二年道標
「右八まきの尾道」
二十八丁石
堂山
二十五丁石
二十三丁石
神野
かつらぎ町
西大久保
定慶寺
十七丁石
十五丁石
十三丁石
「右まきのを／七丁」
文政十年道標
十丁石
東谷
中畑
平
天河
平集落登り口
折登
堂川
檜原越
下津川橋
大宮神社鳥居
新体
白岩橋
広口
大松
下広口
遺跡十六勢塚
66
五条平

七越峠の地蔵道標

宝暦二年道標

文政十年道標

大宮神社鳥居

粉河寺から檜原越で槇尾寺へ 4

十五丁地蔵からの下り

施福寺本堂前の道標

背ノ山
高田
道の駅
大門口橋
折居
寺尾
島
東渋田
西渋田
北山
御所
赤《あか》沼田
赤《あか》沼田
星山
四邑川
日高
日高
清川
上鞆渕
林垣内
奥沢
「堂前の地蔵」
天保三年巡礼墓
麻生津峠
飯盛城跡分岐
県道４号出合
日高地蔵（日高峠）
三ツ股分岐
二基の道標「左こふや之寺江三里廿七丁」
0
1
2km
73

将棋石

「堂前の地蔵」への登り

麻生津峠

二基の道標

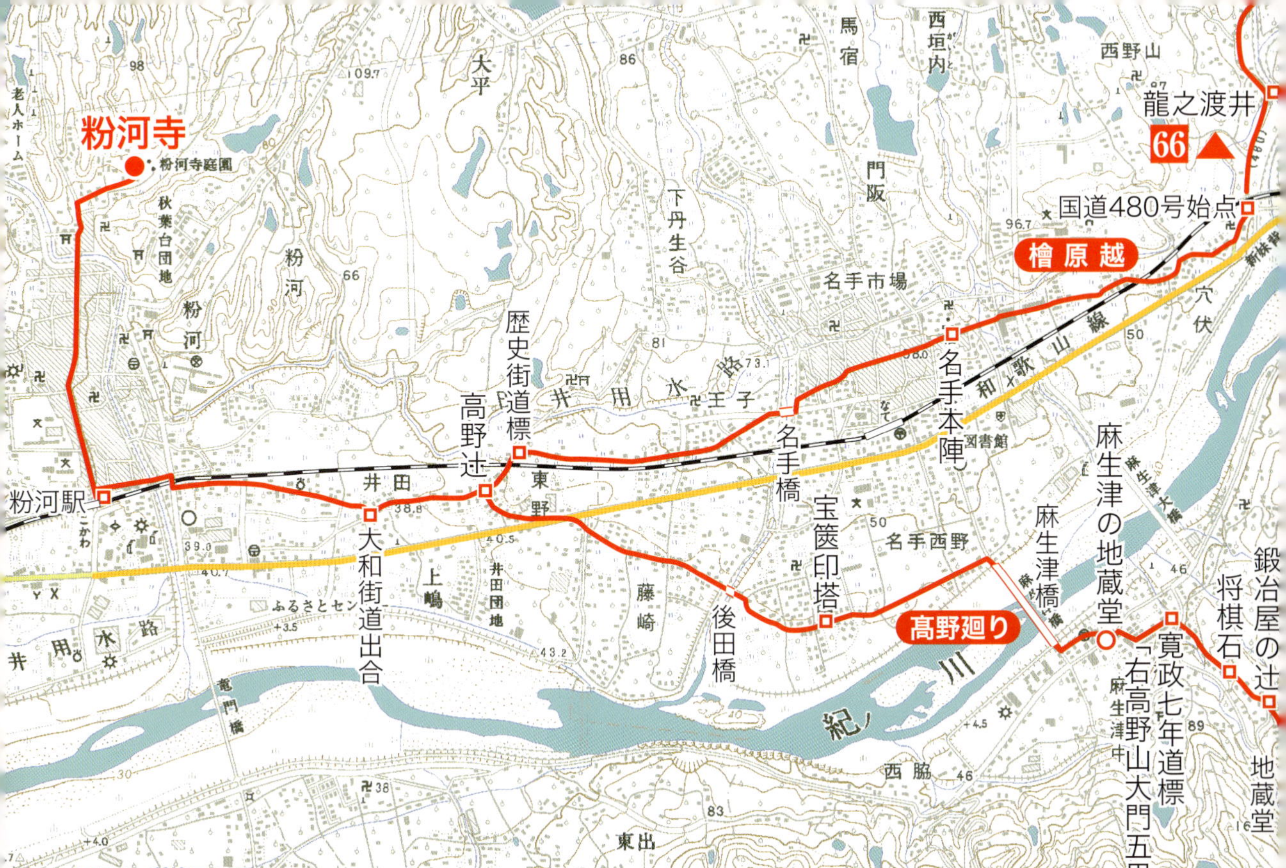
粉河寺
粉河寺庭園
龍之渡井
66
国道480号始点
檜原越
粉河駅
大和街道出合
高野辻
歴史街道標
名手橋
名手本陣
宝篋印塔
後田橋
高野廻り
麻生津橋
麻生津の地蔵堂
寛政七年道標
「右高野山大門五里」
将棋石
鍛冶屋の辻
地蔵堂
和歌山線
紀ノ川
井用水路
名手市場
名手西野
東野
井田
上嶋
藤崎
西脇
東出
荒見
中筋
馬宿
西垣内
西野山
門阪
下丹生谷
大平
粉河
秋葉台団地
井田団地
穴伏
麻生津大橋
ふるさとセンター
竜門橋
王子
図書館
老人ホーム
尾
西杉
杉原
上勝神
田代峠
権現滝
神通

高野辻の道標

右 かうやみち
弘法大師永代常夜燈
左 いせ

後田橋

寛政七年道標

麻生津の地蔵堂

大阪
藤井寺
堺
大阪府
奈良県
橋本
和歌山
和歌山県
御坊

74
苅萱堂跡
「至高野山6600m」標
長坂地蔵
至高野山6400m」標
弘法大師祠
「至高野山5800m」標
道標・町石
「行止り」道へ入る
旧出水旅館
西郷
神谷
白藤小学校跡
「高野山4200m」標
南海高野線
極楽橋
「至高野山2000m」標
不動坂
「至高野山
1400m」標
児滝の標柱
清不動堂
花折坂始点
不動坂入口
女人堂
弁天岳
三十町石
鏡石
四阿展望台
高野町
大門
壇上伽藍
十町石
「右ふたう阪
京大坂道」
道標
高野町
西郷
桜茶屋
不動谷川
中古沢

大門

大塔（壇上伽藍）

女人堂

粉河寺から高野廻りで槇尾寺へ 2

梨子ノ木峠

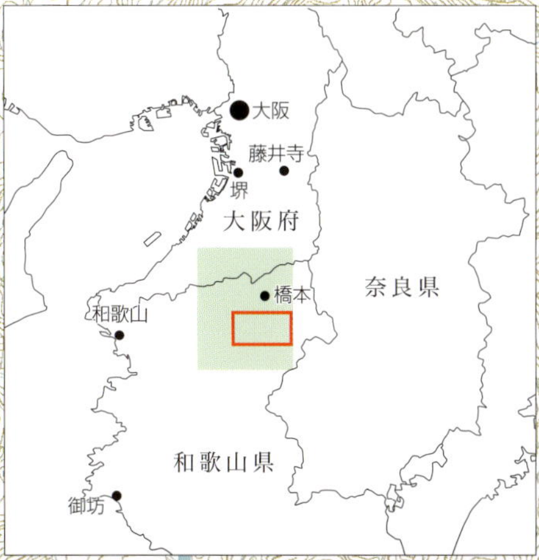

矢立茶屋

鏡石

粉河寺から高野廻りで槇尾寺へ 3

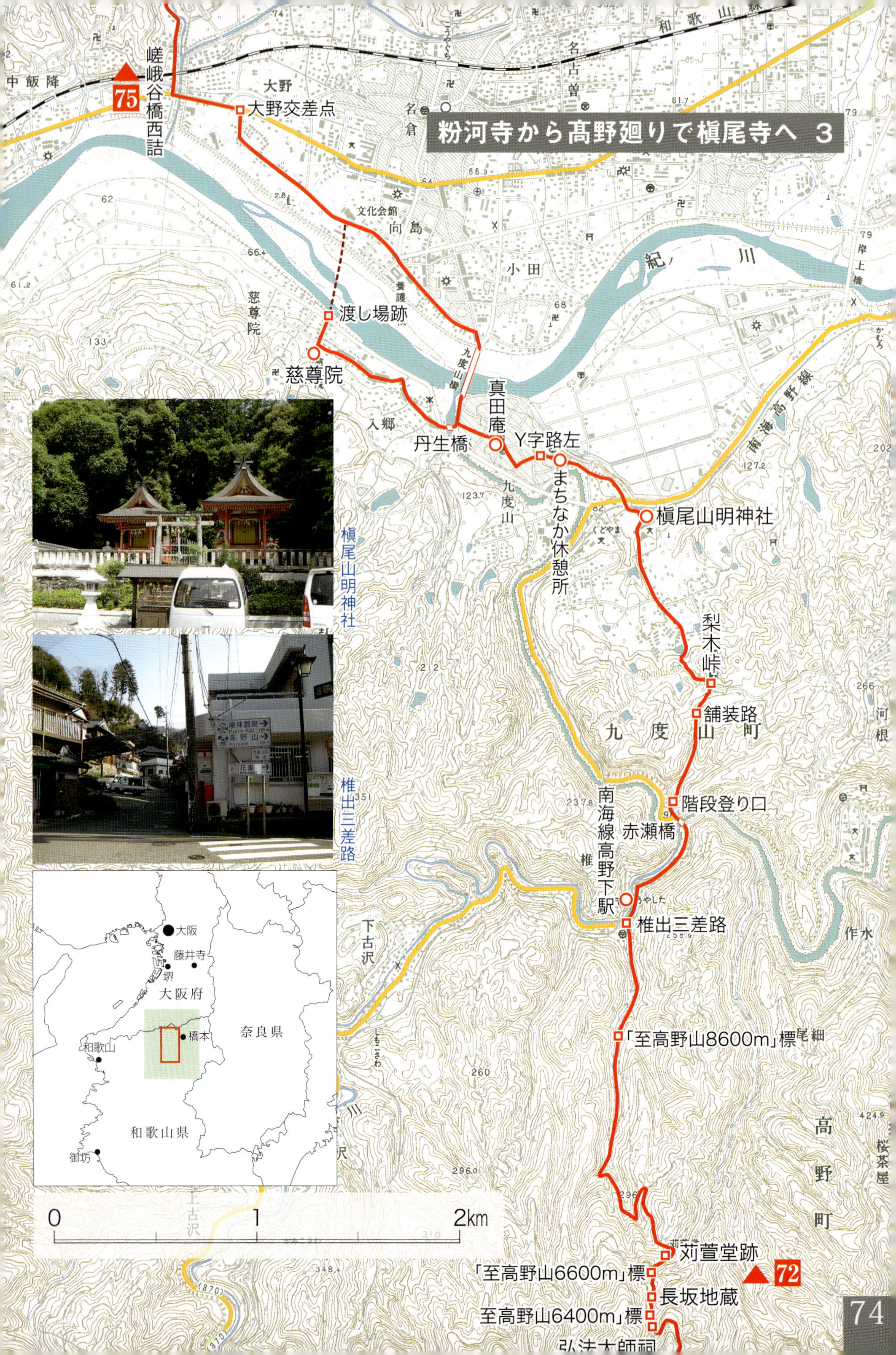

75
嵯峨谷橋西詰
中飯降
大野
大野交差点
名倉
名古曽
和歌山線
文化会館
向島
小田
紀ノ川
岸上橋
渡し場跡
慈尊院
九度山橋
真田庵
丹生橋
入郷
Y字路左
まちなか休憩所
九度山
南海高野線
槇尾山明神社
梨木峠
舗装路
九度山町
河根
階段登り口
赤瀬橋
南海線高野下駅
椎出三差路
作水
下古沢
「至高野山8600m」標
高野町
桜茶屋
上古沢
0
1
2km
苅萱堂跡
72
「至高野山6600m」標
長坂地蔵
至高野山6400m」標
弘法大師祠
槇尾山明神社
椎出三差路
大阪
藤井寺
堺
大阪府
奈良県
橋本
和歌山
和歌山県
御坊

粉河寺から高野廻りで槇尾寺へ　4

石峰橋
畠坂橋
76
葛城蔵王権現社
蔵王峠
県道61号出合
三差路左
大畑
三差路左
三差路右
水の神
三差路右
三差路右
西明寺
高野口町竹尾
山村体験交流センター
高野口町嵯峨谷
石仏群
(Y字路右)
農家一軒
嵯峨谷林道起点
嵯峨谷
西川浄化センター
紀北青少年の家分岐
高野口町
嵯峨谷橋西詰
中飯降
大野
大野交差点
名倉
文化会館
向島
渡し場跡
慈尊院
74
入郷
丹生橋
九度山橋
金谷
中番
東番
山崎

石仏群

西明寺

慈尊院

真田庵

粉河寺から髙野廻りで槇尾寺へ 5

槇尾寺
槇尾山
一丁石
桧原越道出合
三丁地蔵
番屋峠
十丁地蔵石
追分
十四丁地蔵石
ボテ峠
槇尾山登山口
ダイトレ標識
光滝寺
新関屋橋
石川
光滝寺
光滝寺キャンプ場
光滝寺第2キャンプ場
御光滝
林道茗荷谷線起点
中の茶屋橋
林道野谷線起点
茗荷迫橋
石峰橋
畠坂橋
葛城蔵王権現社
蔵王峠
蔵王峠
県道61号出合
三差路左
大畑
三差路左
三差路右
水の神
三差路右
西明寺
三差路右
交流センター
山村体験
石仏群(Y字路右)
75
滝畑
夕月橋
ダム
河
岩
岳
0
1
2km
大阪
藤井寺
堺
大阪府
奈良県
橋本
和歌山
和歌山県
御坊

第四番札所 槇尾山《まきのおさん》施福寺《せふくじ》（槇尾寺《まきおでら》）から

第五番札所 紫雲山《しうんさん》葛井寺《ふじいでら》へ

——順道 堺・大坂廻り

葛井寺

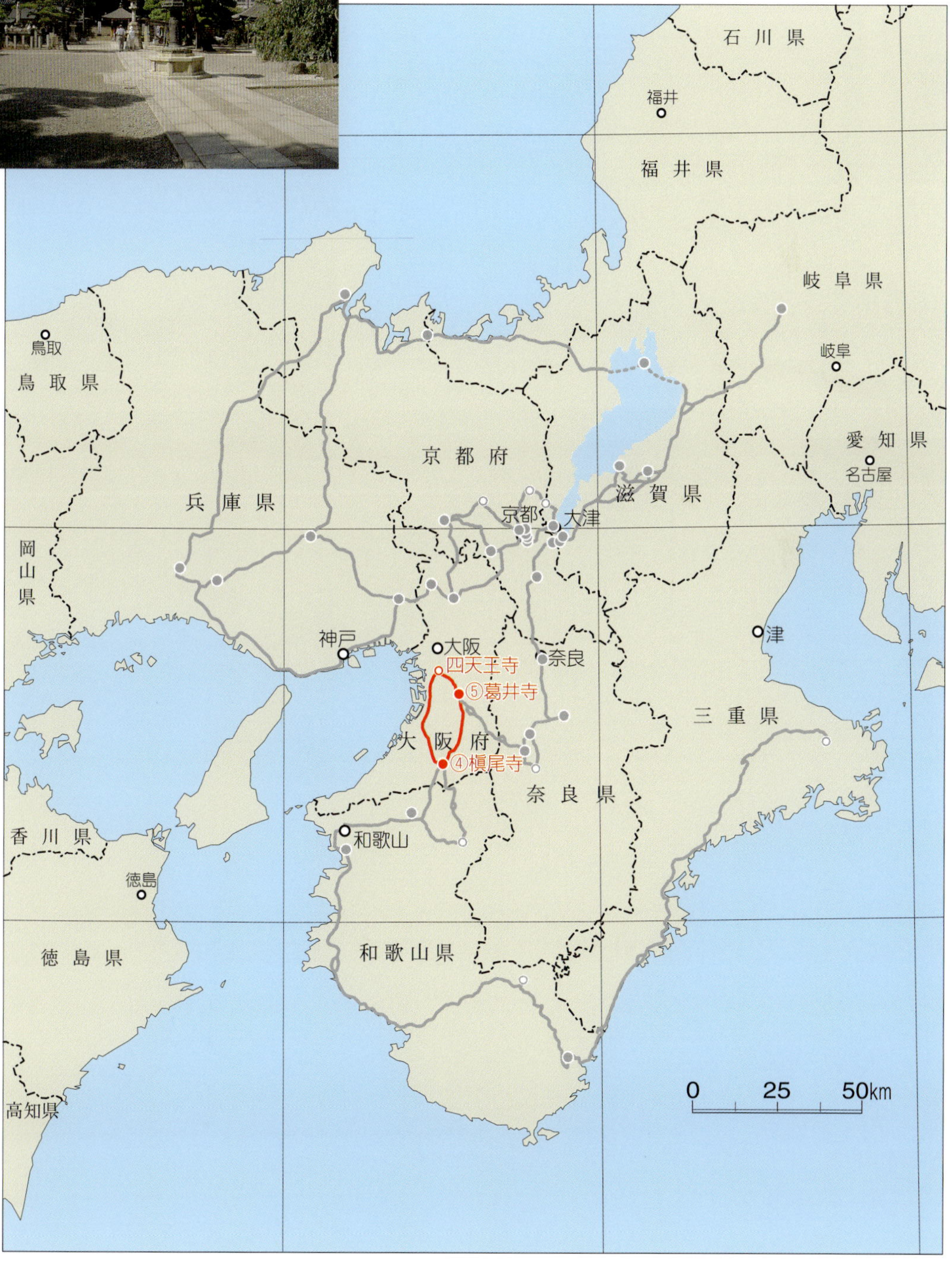

槇尾寺から順道で葛井寺へ 1

旧国道出合
79
高向《たこう》
右折地点
（狭い通学路）
左折地点
天野町
金剛寺
金剛寺境内
天野山
千石坂橋
南面利町
和泉市
文化十年道標
「東・ふぢゐ寺／大峯山いせ・道」
元禄十一年道標
「ミきふぢいてらみち」
善正町
旧道分岐の祠
二十丁地蔵
東槇尾川
滝畑分岐
塩降トンネル
四丁地蔵
大正十年道標
「右西国四番槇尾寺」
槇尾寺
槇尾山
82
滝畑ダム
滝畑
天カントリークラブ
下里町
緑ケ丘両町
旭ケ丘
南花台五丁目
サイクルスポーツセンター
千代田短大
京都府
兵庫県
大阪府
大阪
藤井寺
富田林
奈良県
橋本
和歌山
和歌山県

文化十年道標

旧道分岐の祠

金剛寺

槇尾寺本堂

槇尾寺から順道で葛井寺へ 2

80
近鉄川西駅
大峯三十三度供養塔
近鉄長野線
万延元年大峯供養塔
「すぐまき尾山」道標
地蔵二体
錦織一里塚跡
孝子地蔵
享和の常夜灯
嘉永七年道標
「右まきのふ」
太神宮常夜灯
地蔵道標「左さかい
右ふちい寺」
西代観音堂
綿町三差路
上原西交差点
旧国道出合
78
河内長野市
錦織公園
寺ヶ池
0
1
2km

嘉永七年道標

孝子地蔵

太神宮常夜灯

西代観音堂の「左ふちい寺道」道標

槇尾寺から順道で葛井寺へ 3

大阪府立食とみどりの総合技術センター
81
南阪奈有料道路
羽曳野市飛地
近鉄長野線
広瀬
東阪田
尺度
喜志
美見久留御魂神社
PL教団本部
富田林市
中小企業団地
新堂
観音堂
北口地蔵
興正寺別院
宝暦元年道標「町中・くわへきせる／ひなわ火・無用」
養楽寺
近鉄川西駅
石川
大峯三十三度供養塔
錦織
錦織公園
79
万延元年大峯供養塔
「すぐまき尾山」道標

富田林の町並み

宝暦元年道標

大峯三十三度供養塔

「すぐまき尾山」道標

槇尾寺から順道で葛井寺へ 4
八尾市
深居神社
89
津堂一丁目４
馬街通橋
天保十三年道標
慶応三年道標
元禄十二年道標
葛井寺
藤井寺南小学校
「すぐ・ふじい寺」道標
「右ふぢゐ寺」道標
竹内街道出合
清寧天皇陵
西浦五丁目地蔵祠
羽曳野市
大阪府立食とみどりの総合技術センター
80
葛井寺門前
「右ふぢゐ寺」道標
仲哀天皇陵
応神天皇陵
大阪外環状線
近鉄南大阪線
京都府
兵庫県
大阪府
大阪
藤井寺
富田林
奈良県
橋本
和歌山
和歌山県
0
1
2km

槇尾寺から堺・大坂廻りで葛井寺へ 1

「すぐまきお山みち」道標

十二丁石

槇尾寺山門

本堂前の堺・大坂を示す道標

槇尾寺から堺・大坂廻りで葛井寺へ 2

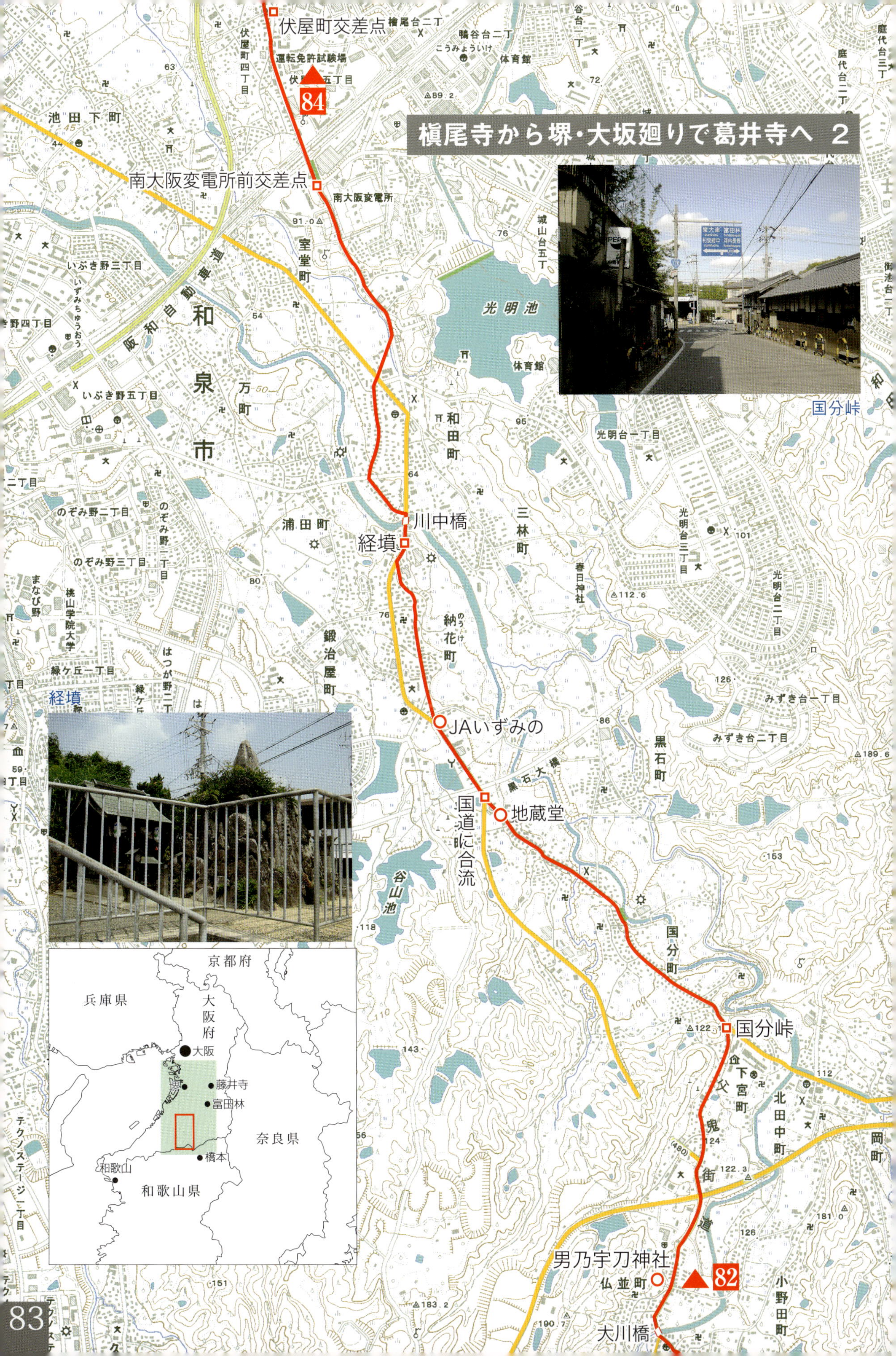
伏屋町交差点
84
南大阪変電所前交差点
光明池
和泉市
阪和自動車道
川中橋
経墳
JAいずみの
国道に合流
地蔵堂
国分峠
父鬼街道
男乃宇刀神社
82
大川橋
国分峠
経墳
京都府
兵庫県
大阪府
大阪
藤井寺
富田林
奈良県
橋本
和歌山
和歌山県

槇尾寺から堺・大坂廻りで葛井寺へ 3

文久二年道標

槇尾寺から堺・大坂廻りで葛井寺へ 4

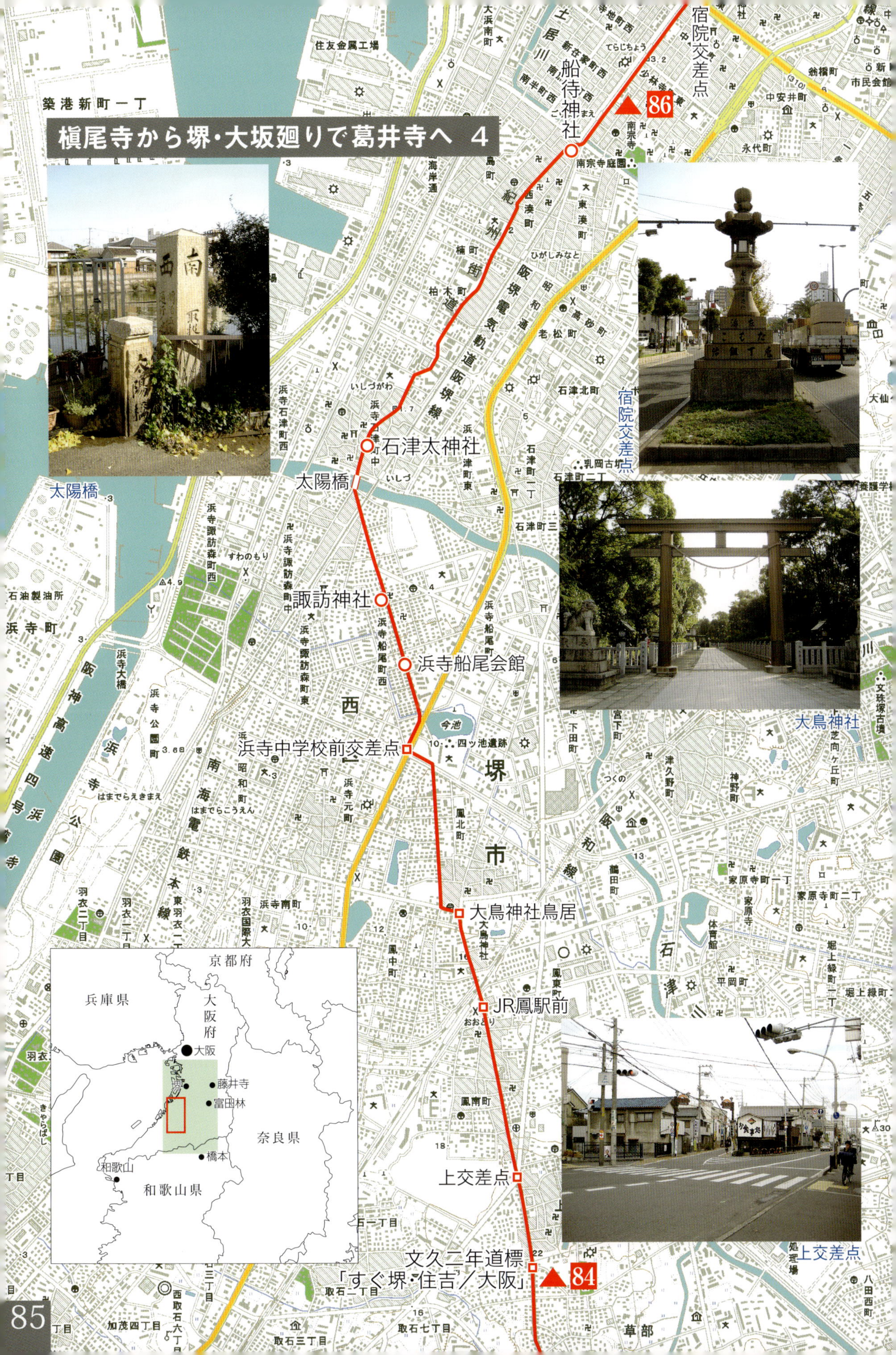

太陽橋

宿院交差点

大鳥神社

上交差点

槇尾寺から堺・大坂廻りで葛井寺へ 5

住吉大社

西本願寺堺別院

妙国寺の大蘇鉄

槇尾寺から堺・大坂廻りで葛井寺へ 6

中央区
浪速区
天王寺区
阿倍野区
大阪市
四天王寺
東大門
北堀河交差点
寺田町駅
林寺１交差点
奥村橋
杭全交差点
新今宮駅
西成警察署
天下茶屋跡
天神の森
天王寺公園
茶臼山
88
86
奥
村
橋
平野郷
四天王寺
現在の住吉街道
天下茶屋跡
奥村橋

槇尾寺から堺・大坂廻りで葛井寺へ 7

大念仏寺

全興寺

寛政十二年道標

全興寺の慶応二年道標

槇尾寺から堺・大坂廻りで葛井寺へ　8
88
大堀小橋
深居神社
明治橋
落堀川
馬街道橋
津堂一丁目4
天保十三年道標
慶応三年道標
「右いせ」
藤井寺市
葛井寺
深居神社
慶応三年道標
京都府
兵庫県
大阪府
大阪
堺
藤井寺
富田林
奈良県
橋本
和歌山
和歌山県
81

第五番札所 紫雲山《しうんさん》葛井寺《ふじいでら》から

第六番札所 壺阪山《つぼさかやま》南法華寺《みなみほっけじ》（壺阪寺《つぼさかでら》）へ

壺阪寺

葛井寺から壺阪寺へ 1

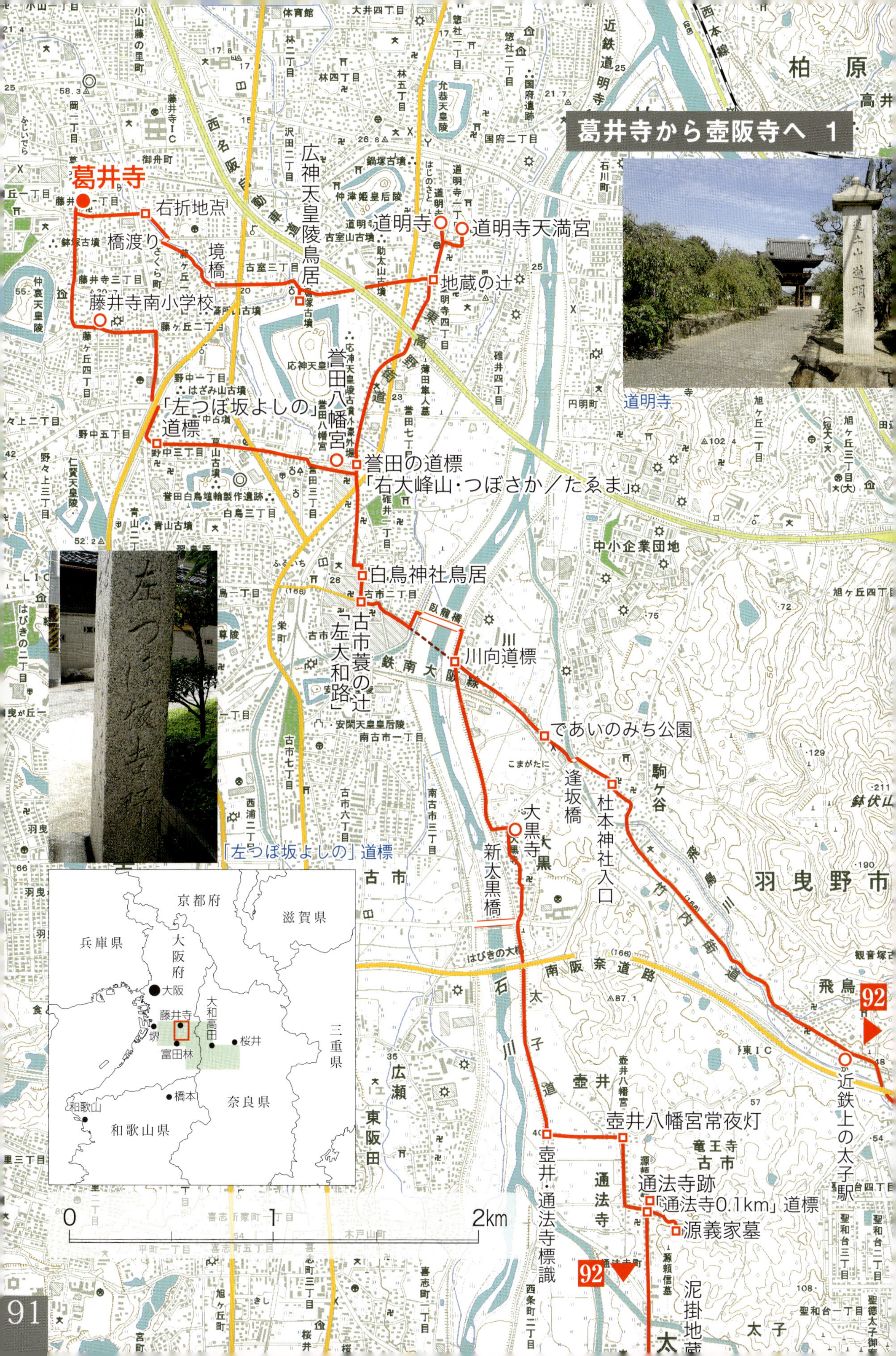
葛井寺
右折地点
橋渡り
境橋
藤井寺南小学校
「左つぼ坂よしの」道標
広神天皇陵鳥居
道明寺
道明寺天満宮
地蔵の辻
誉田八幡宮
誉田の道標
「右大峰山・つぼさか／たゑま」
白鳥神社鳥居
古市蓑の辻
「左大和路」
川向道標
であいのみち公園
逢坂橋
杜本神社入口
大黒寺
新大黒橋
壺井八幡宮常夜灯
壺井・通法寺標識
通法寺跡
「通法寺0.1km」道標
源義家墓
近鉄上の太子駅
泥掛地蔵
羽曳野市
柏原
92
京都府
滋賀県
兵庫県
大阪府
大阪
藤井寺
堺
富田林
大和高田
桜井
三重県
奈良県
橋本
和歌山
和歌山県
0
1
2km

道明寺

「左つぼ坂よしの」道標

角屋の辻

竹内街道

叡福寺

葛井寺から壺阪寺へ 3

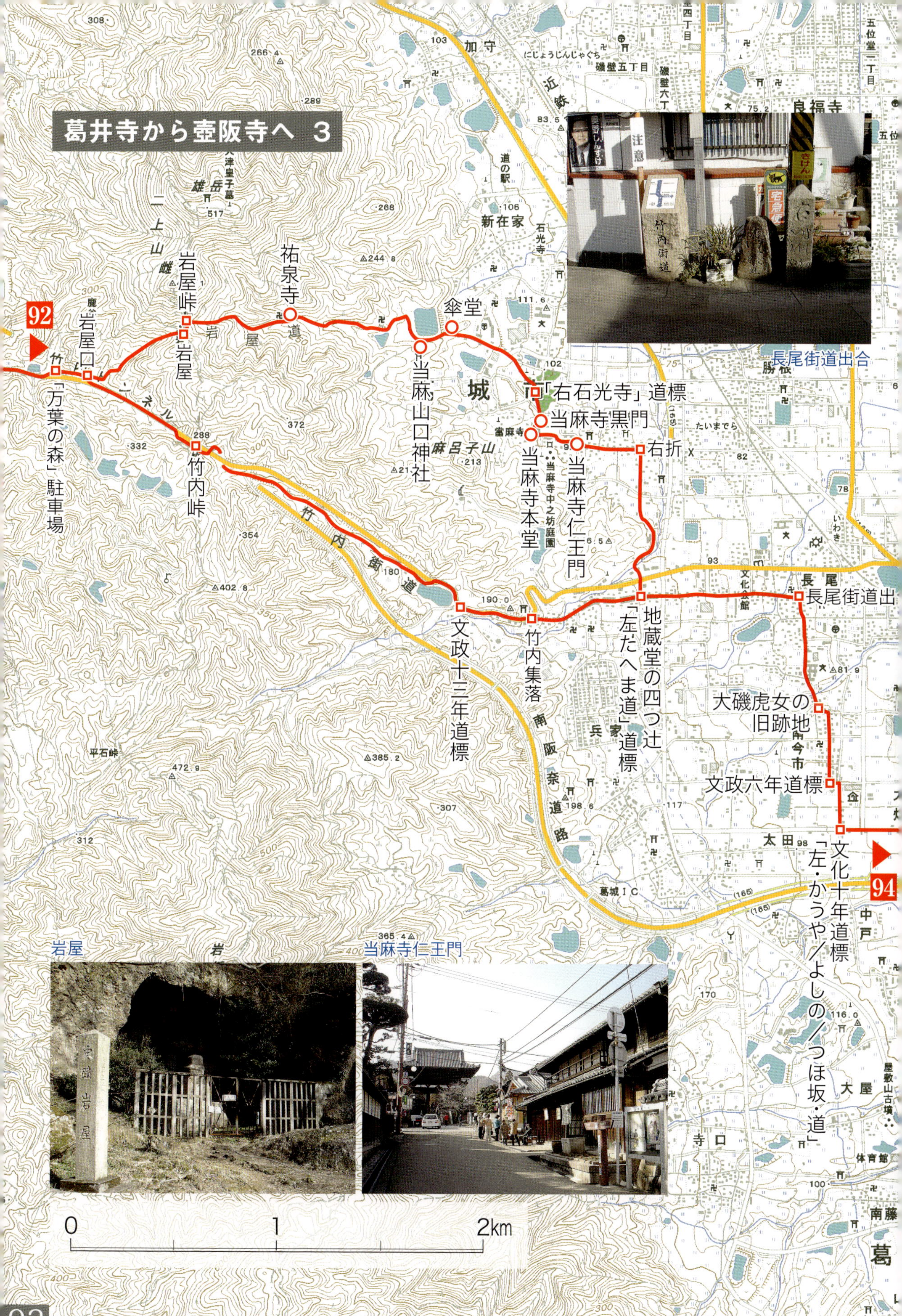

岩屋

当麻寺仁王門

0　1　2km

葛井寺から壺阪寺へ 4

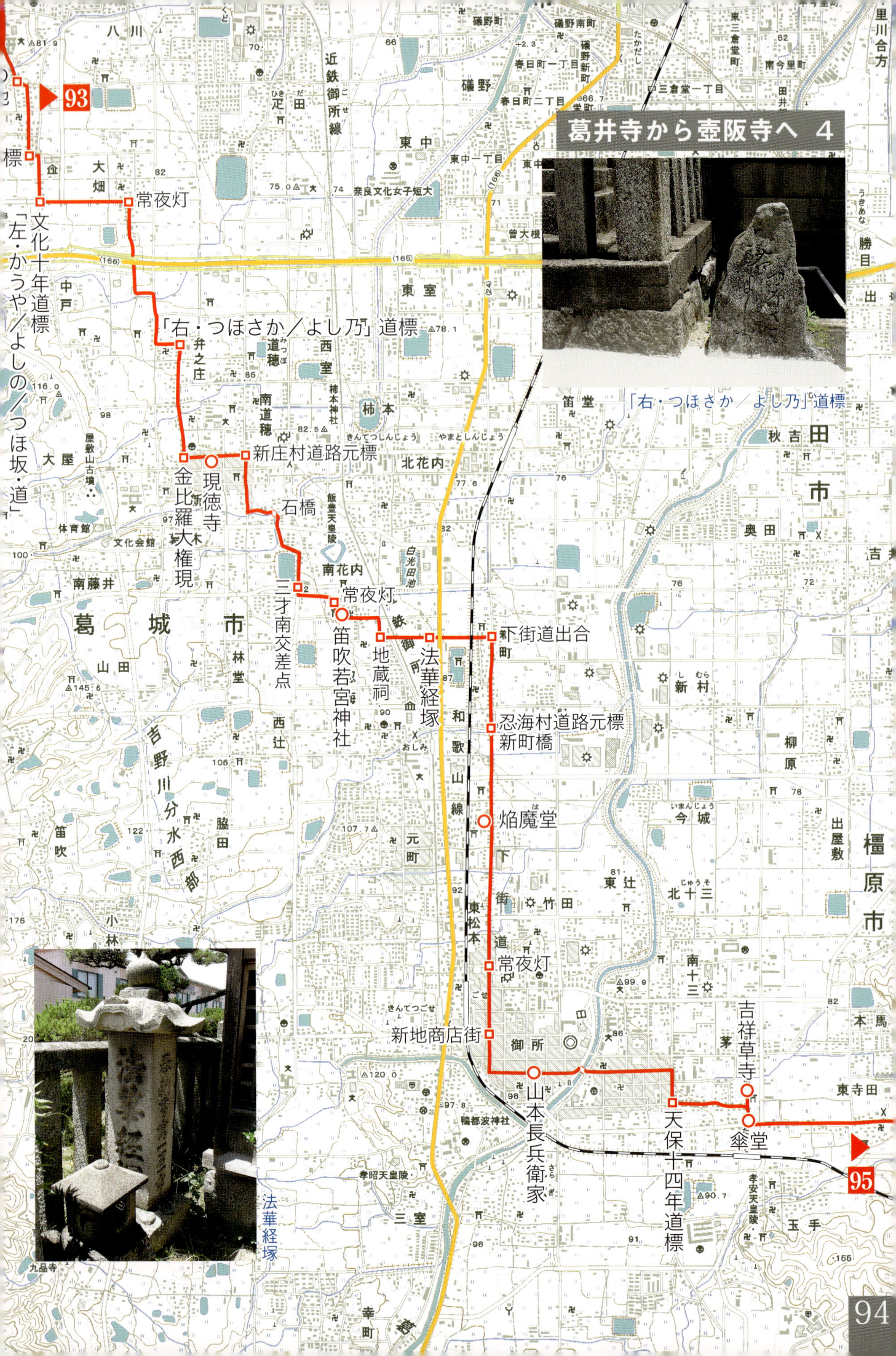
93
文化十年道標
「左・かうや／よしの／つほ坂・道」
常夜灯
「右・つほさか／よし乃」道標
新庄村道路元標
現徳寺
金比羅大権現
石橋
三才南交差点
常夜灯
笛吹若宮神社
地蔵祠
法華経塚
下街道出合
忍海村道路元標
新町橋
焔魔堂
常夜灯
新地商店街
山本長兵衛家
天保十四年道標
吉祥草寺
傘堂
95
葛城市
大和高田市
橿原市
近鉄御所線
和歌山線
下街道
吉野川分水西部
御所
「右・つほさか／よし乃」道標
法華経塚

葛井寺から壺阪寺へ 5

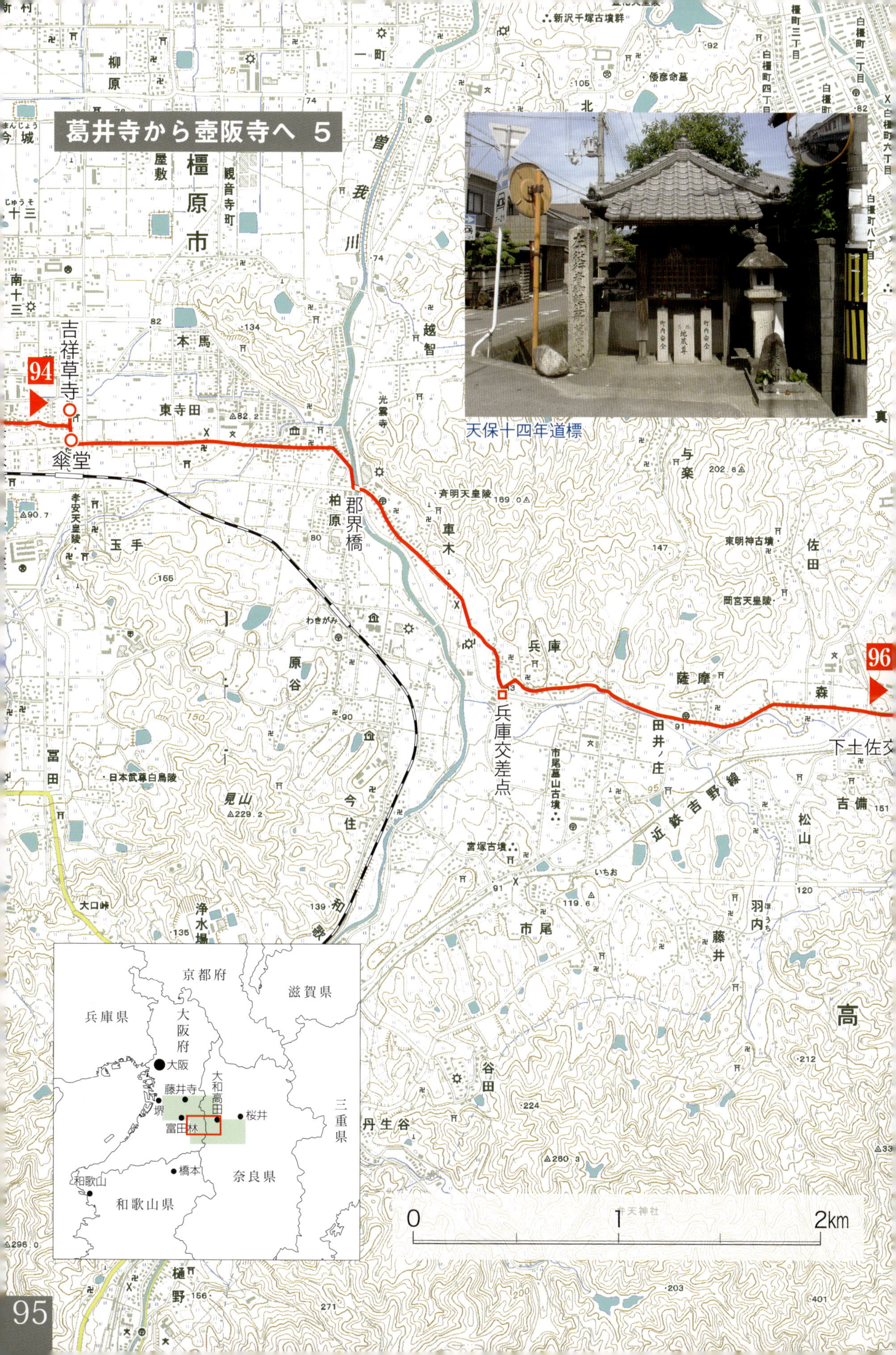

天保十四年道標

葛井寺から壺阪寺へ 6

札の辻
壺阪寺
0 1 2km
明日香村
下土佐交差点
96
札の辻
「右・津ほさか／よしの・道」道標
高取町道路元標
福戸橋
高取町
壺阪寺
大観音像
壺阪峠
五百羅漢
清水谷
下子島
上子島
上土佐
下土佐
観覚寺
子嶋寺
大根田
阿部山
栗原
檜前
檜隈寺跡
御園
真弓
佐田
森
吉備
松山
平田
高松塚古墳
キトラ古墳（特）
天武天皇持統天皇陵
鬼の俎
鬼の雪隠
五条野
見瀬
大軽町
丸山古墳
植山古墳
菖蒲町三丁目
菖蒲町四丁目
菖蒲池古墳
飛鳥寺跡
安居院
伝飛鳥板蓋宮跡
亀形石造物
酒船石遺跡
小原
東山
稲渕
阪田
栢森
新芦原トンネル
芦原トンネル
芦原峠
京都府
滋賀県
兵庫県
大阪府
大阪
藤井寺
堺
富田林
大和高田
桜井
三重県
奈良県
橋本
和歌山
和歌山県

第六番札所 壺阪山《つぼさかやま》 南法華寺《みなみほっけじ》（壺阪寺《つぼさかでら》）から
第七番札所 東光山《とうこうさん》 岡寺《おかでら》（龍蓋寺《りゅうがいじ》）へ
――順道・吉野《よしの》廻り

岡寺

壺阪寺から岡寺へ 1

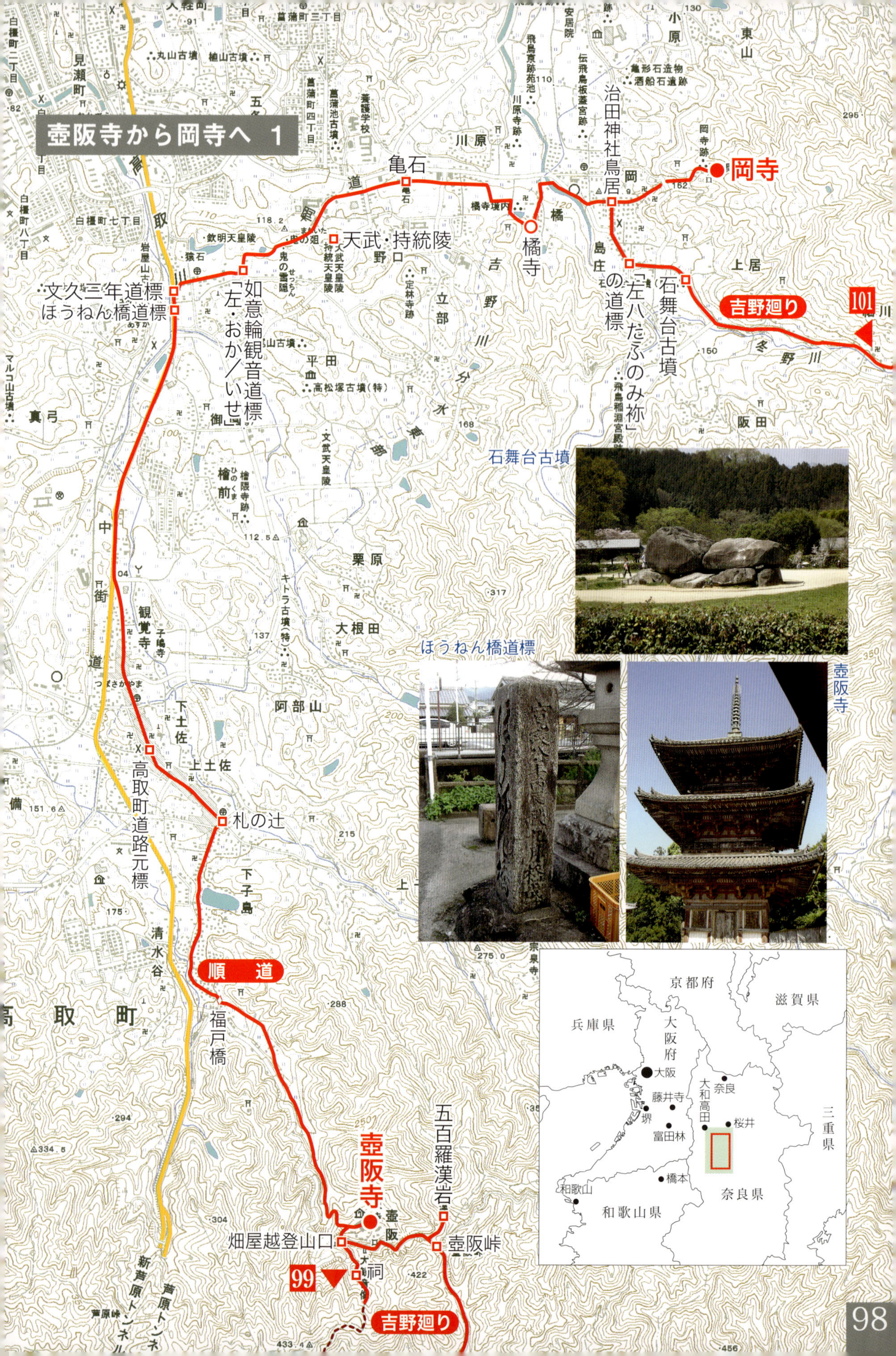

岡寺
亀石
橘寺
天武・持統陵
治田神社鳥居
「左ハたふのみ祢」の道標
石舞台古墳
吉野廻り
101
如意輪観音道標「左・おか／いせ」
文久三年道標
ほうねん橋道標
高取町道路元標
札の辻
順道
福戸橋
壺阪寺
五百羅漢岩
壺阪峠
畑屋越登山口
祠
99
吉野廻り
石舞台古墳
ほうねん橋道標
壺阪寺
京都府
滋賀県
兵庫県
大阪府
大阪
奈良
大和高田
桜井
藤井寺
堺
富田林
三重県
橋本
和歌山
和歌山県
奈良県
高取町

壺阪寺から吉野廻りで岡寺へ 1

五百羅漢岩

安産の滝

壺阪寺から吉野廻りで岡寺へ 2

旅籠角屋

壺阪寺から吉野廻りで岡寺へ 3

吉野廻り
98
上居
細川
冬野川
阪田
香村
慶応二年道標
気都和既神社
上
県道横断
県道横断
地蔵・庚申堂
西口
妙楽寺（談山神社）西大門跡
多武峰
談山神社
八井内
飯盛塚
尾曽
威徳院
水場
冬野
良助法親王墓
細峠分岐
竜在峠
吉野町道標
滝畑
木橋・町道出合
弓立峠
右折
岩後大師拝殿
弓立峠登山口
千股観音堂
100
千股川
芋ケ峠
吉野町

気都和既神社

談山神社

千股観音堂

第七番札所 東光山《とうこうさん》岡寺《おかでら》（龍蓋寺《りゅうがいじ》）から
第八番札所 豊山《ぶざん》長谷寺《はせでら》へ

長谷寺

岡寺から長谷寺へ 1

安部文殊院
飛鳥坐神社
治田神社
仁王堂
桜井札の辻
104
安倍文殊院
飛鳥資料館
飛鳥坐神社
飛鳥寺跡
飛鳥寺跡（安居寺）
万葉文化館
治田神社
岡寺
治田神社鳥居
阿部街道
初瀬街道
近鉄
東新堂
上之庄
粟殿
川合
戒重
外山
谷
河西
鳥見山
阿部
生田
米川
上之宮
浅古
高
大和三山
南浦町
戒外町
南山町
奥山
山田
八釣
飛鳥
小原
東山
高家
岡
島庄
上居
細川
多武峰
談山神社
御破裂山
京都府
滋賀県
兵庫県
大阪府
大阪
奈良
藤井寺
大和高田
堺
桜井
富田林
三重県
橋本
和歌山
奈良県
和歌山県
0
1
2km

岡寺から長谷寺へ 2

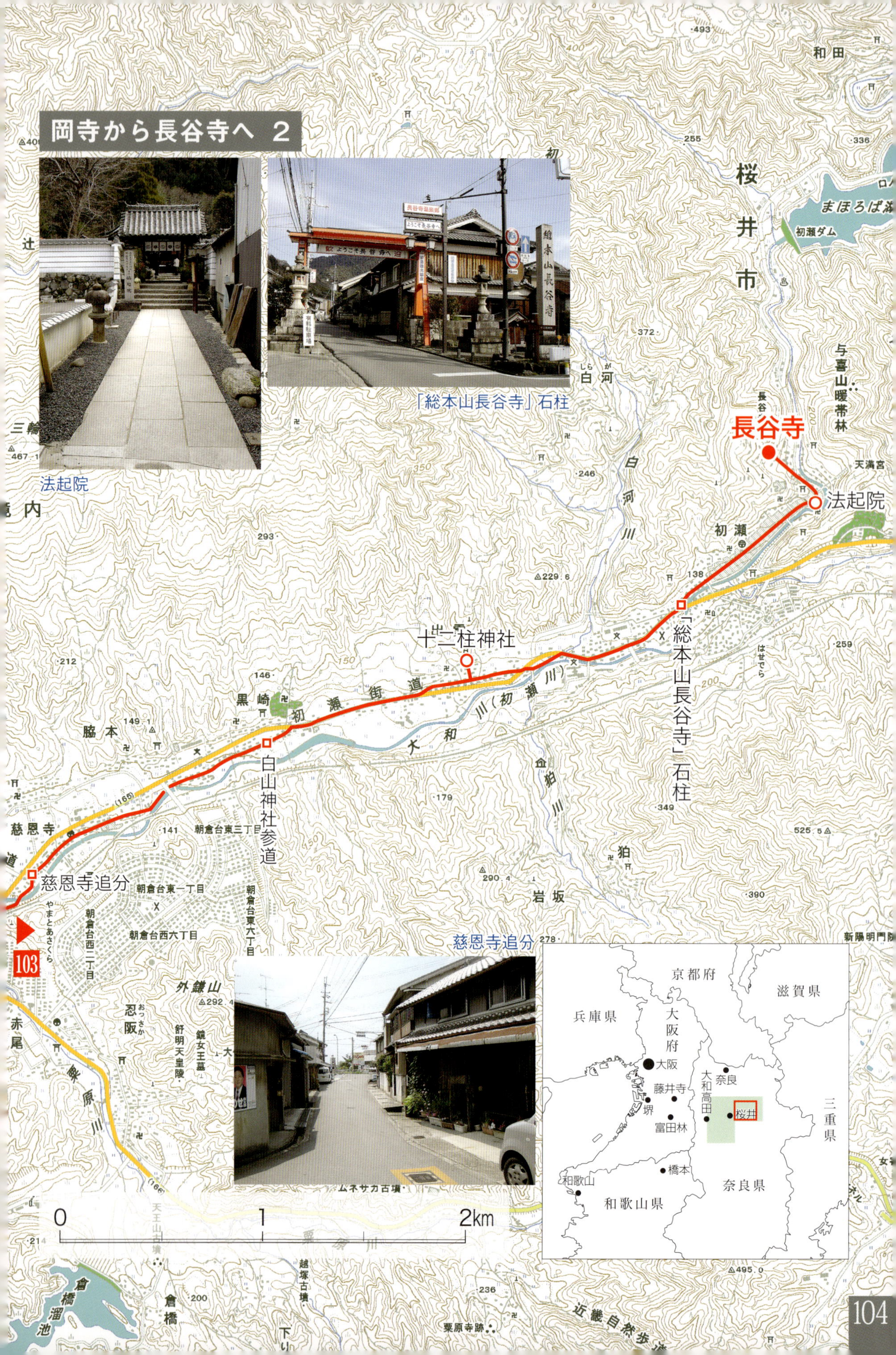

法起院

「総本山長谷寺」石柱

慈恩寺追分

第八番札所 豊山《ぶざん》長谷寺《はせでら》から
第九番札所 興福寺《こうふくじ》南円堂《なんえんどう》へ

南円堂

長谷寺

十二柱神社

白山神社

長谷寺

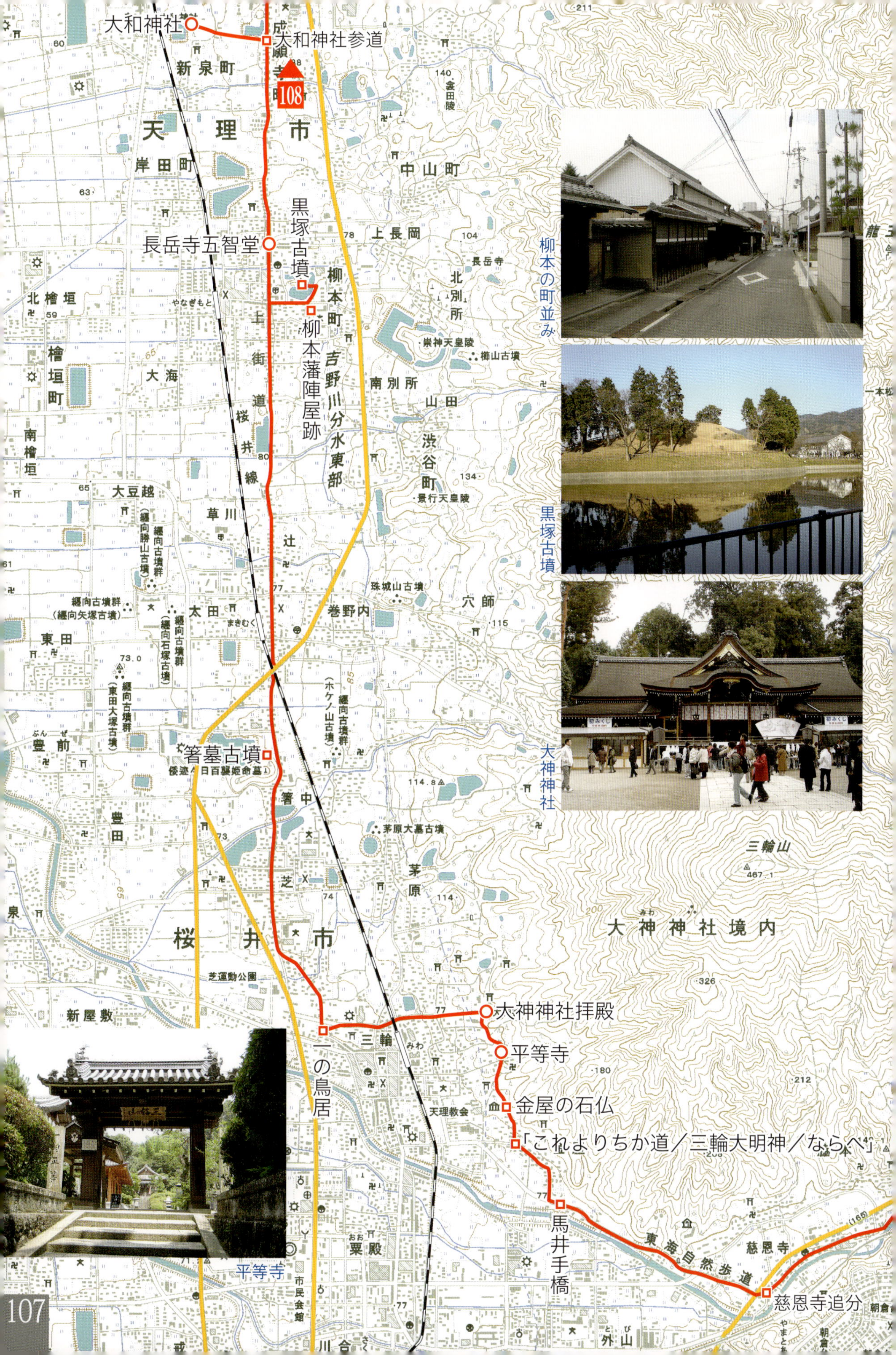

柳本の町並み

黒塚古墳

大神神社

平等寺

長谷寺から南円堂へ 2

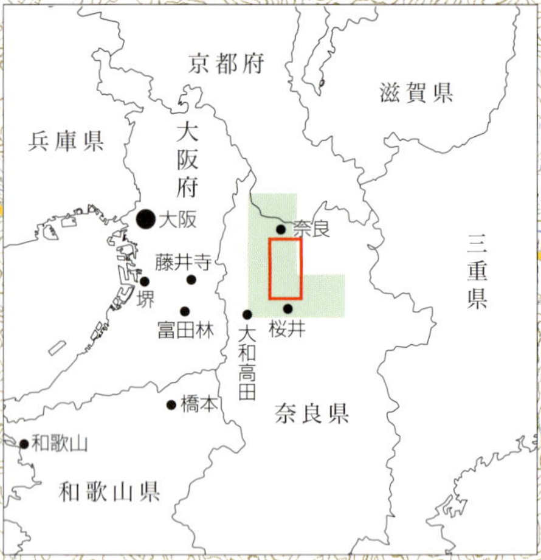

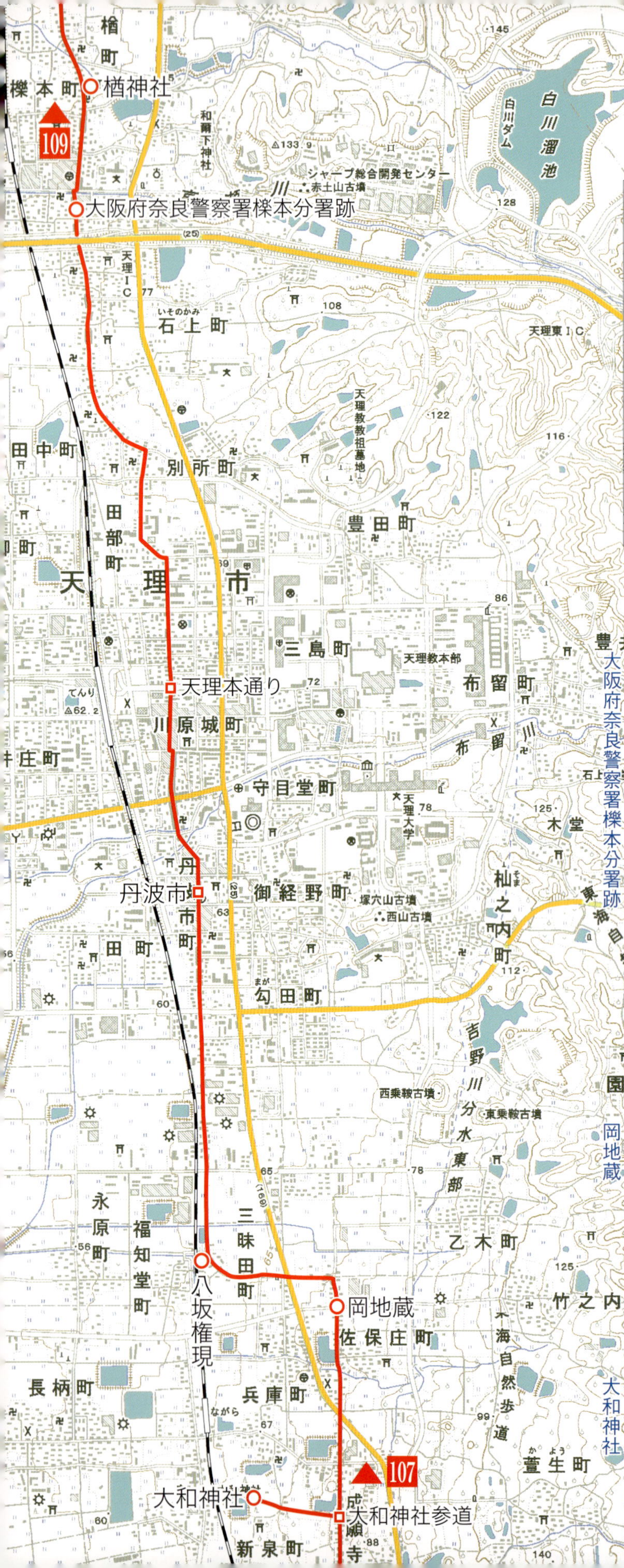

大阪府奈良警察署櫟本分署跡

岡地蔵

大和神社

長谷寺から南円堂へ 3

帯解寺

櫟神社

長谷寺から南円堂へ 4

興福寺三重塔

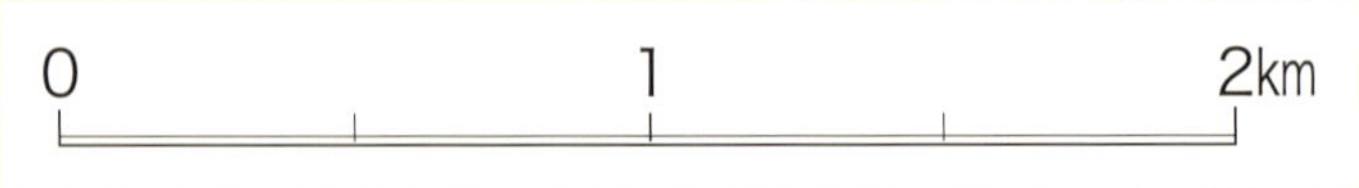

文政十二年常夜灯

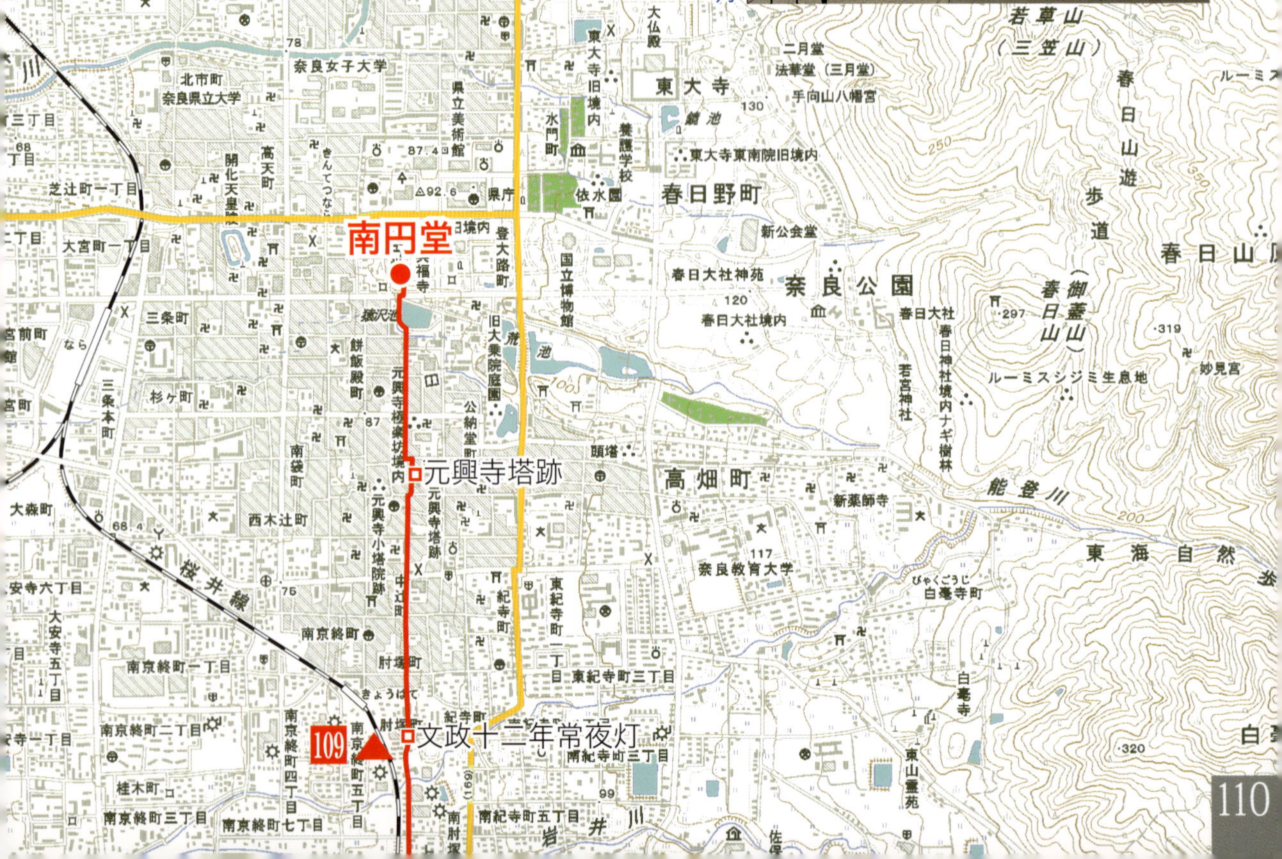

第九番札所 興福寺《こうふくじ》 南円堂《なんえんどう》から
第十番札所 明星山《みょうじょうざん》 三室戸寺《みむろとじ》へ

三室戸寺

南円堂から三室戸寺へ 1

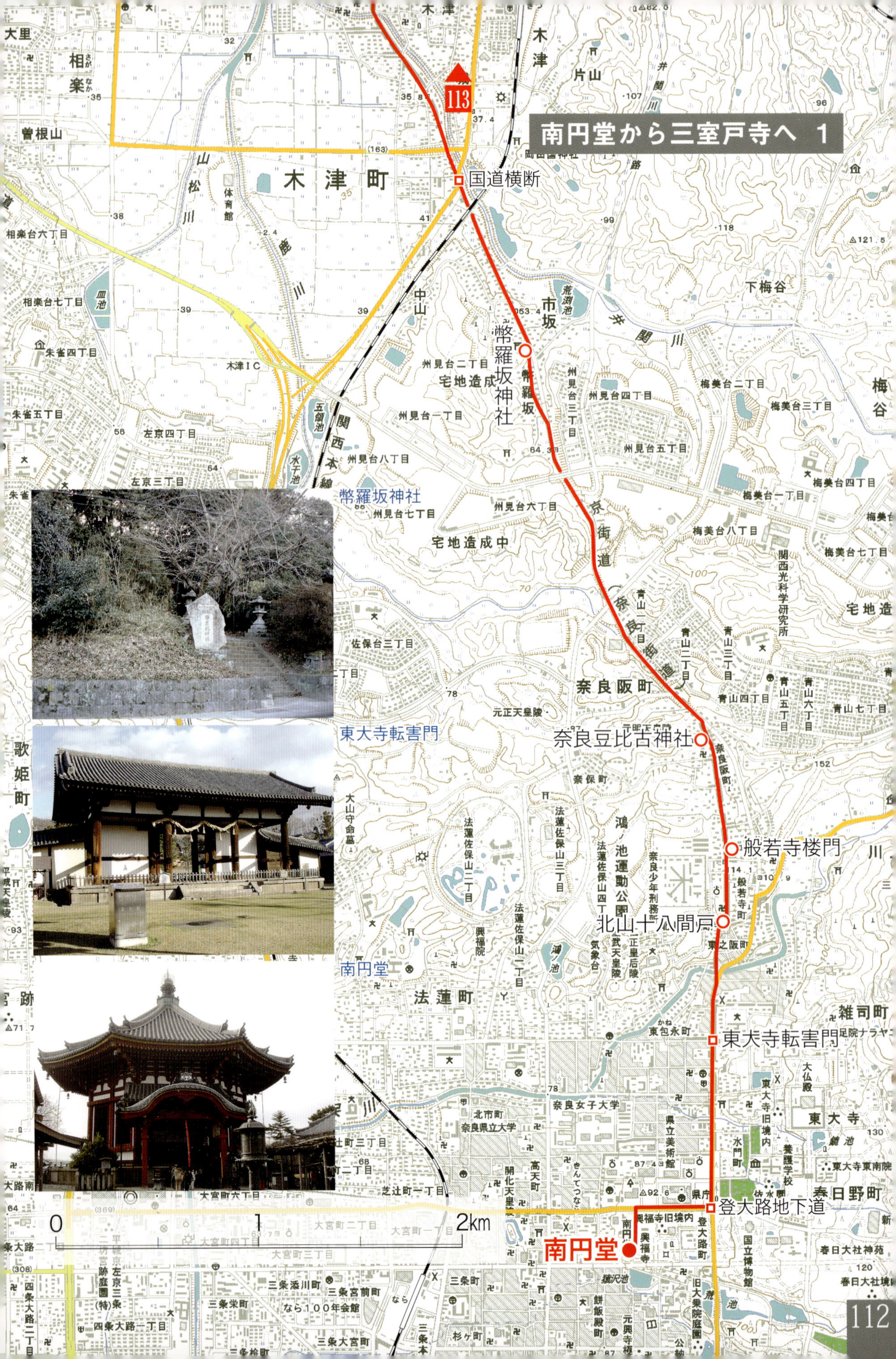

113
国道横断
幣羅坂神社
奈良豆比古神社
般若寺楼門
北山十八間戸
東大寺転害門
登大路地下道
南円堂
木津町
奈良阪町
法蓮町
雑司町
春日野町
京街道
奈良街道
0
1
2km

幣羅坂神社

東大寺転害門

南円堂

南円堂から三室戸寺へ 2

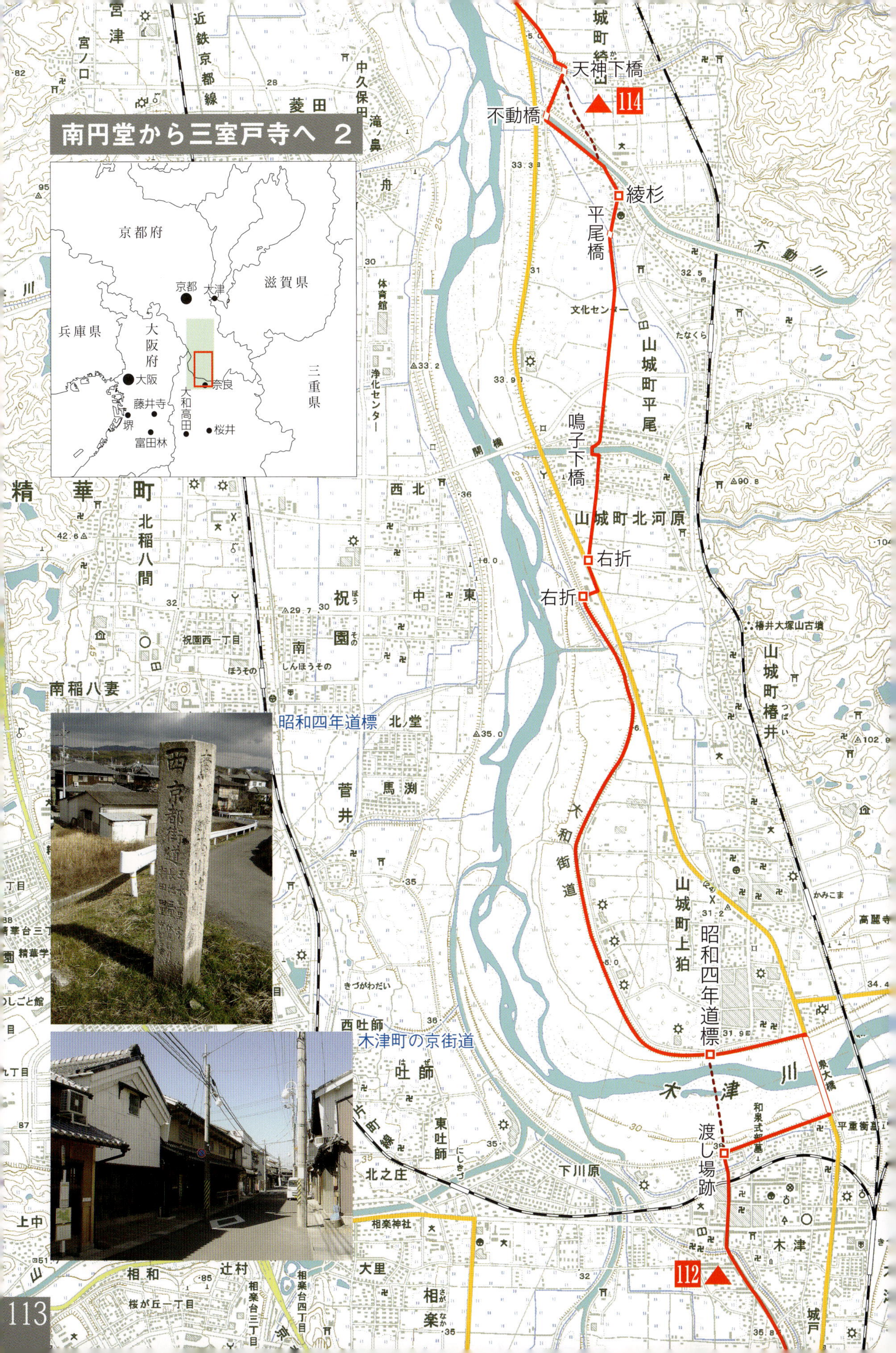

昭和四年道標

木津町の京街道

南円堂から三室戸寺へ 3
観音堂
115
城陽市
「是北長池十五丁」道標
奈島
市辺
宇治田原道分岐
梅渓橋
ワタキュウセイモア
北部
西部
奈良街道
多賀
南部
山城大橋
宇治田原道分岐
たばこ
防賀川
草内
玉川
飯岡
大和街道
木津川
奈良線
水無
昭和三年道標
玉水
玉水橋
玉川橋
井手
石垣
山本
北
南
渋川
山城町綺田
天神下橋
不動橋
113
菱田
近鉄京都線
京都府
滋賀県
兵庫県
大阪府
三重県
京都
大津
大阪
奈良
藤井寺
堺
富田林
大和高田
桜井
0
1
2km

南円堂から三室戸寺へ 4

広野町東裏交差点

水度神社

南円堂から三室戸寺へ 5

三室戸寺

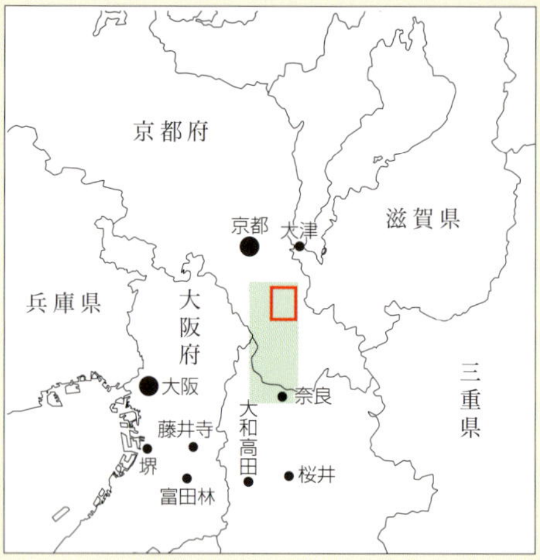

第十番札所　明星山《みょうじょうざん》三室戸寺《みむろとじ》から

第十一番札所　深雪山《しんせつざん》上醍醐《かみだいご》・准胝堂《じゅんていどう》へ

上醍醐・准胝堂

三室戸寺から上醍醐・准胝堂へ 1
文化四年石橋
腹帯地蔵
「一言寺観世音」碑
119
石田大山交差点
六地蔵宿立場高札場跡
願行寺
西方寺
明治十一年道標
萬福寺
五ヶ庄交差点
女人道分岐
「右わうばく」道標
三室戸寺
「右ミむろみち」道標
六地蔵高札場跡
萬福寺
明治十一年道標
伏見区
石田
六地蔵
木幡
京阪宇治線
奈良街道
京滋バイパス
高峰山
明星山
日清都カントリー

三室戸寺から上醍醐・准胝堂へ 2

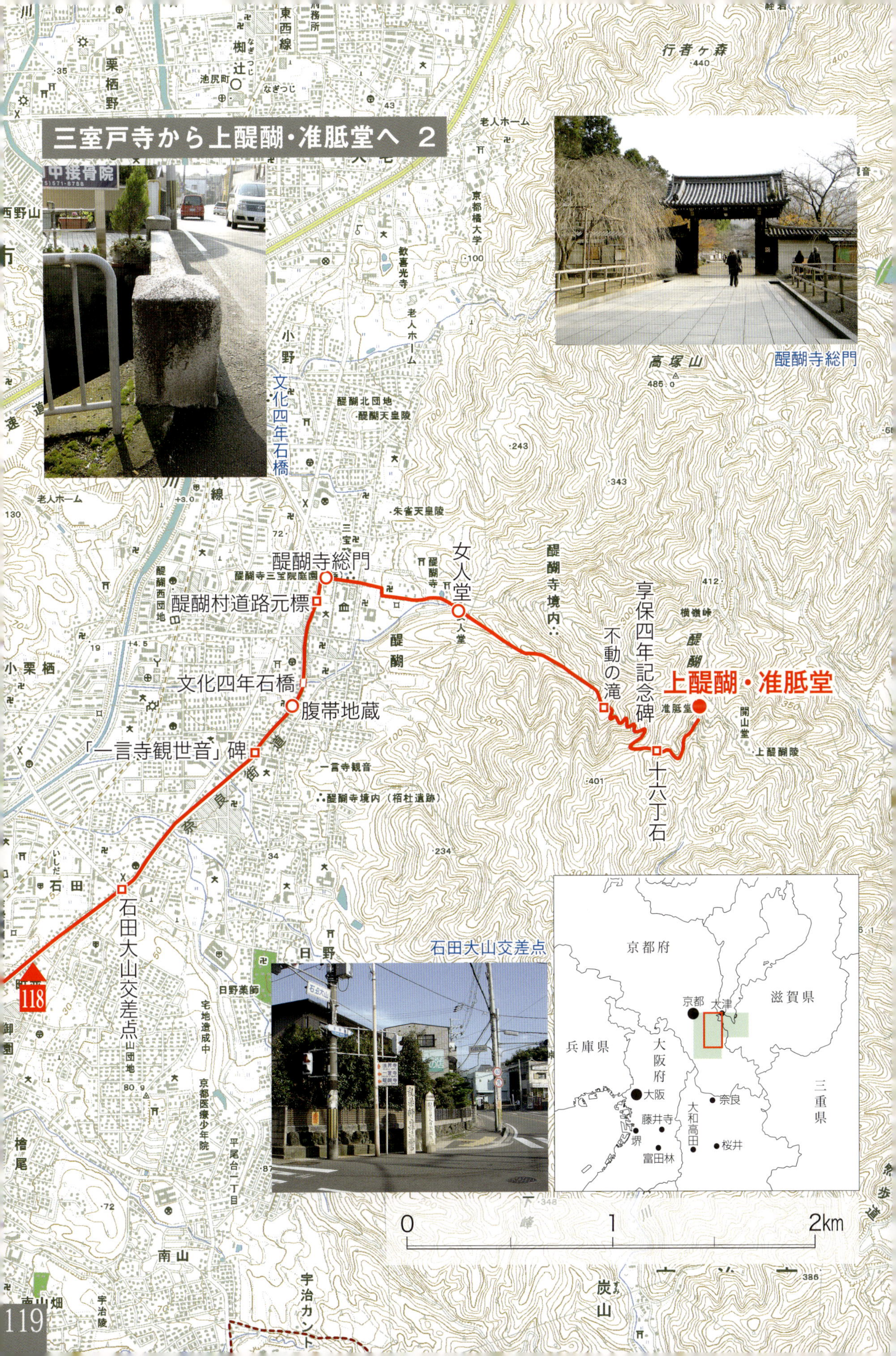

第十一番札所　深雪山《しんせつざん》　上醍醐《かみだいご》・准胝堂《じゅんていどう》から
第十二番札所　岩間山《いわまさん》　正法寺《しょうほうじ》（岩間寺《いわまでら》）と
第十三番札所　石光山《せっこうざん》石山寺《いしやまでら》へ

岩間寺

石山寺

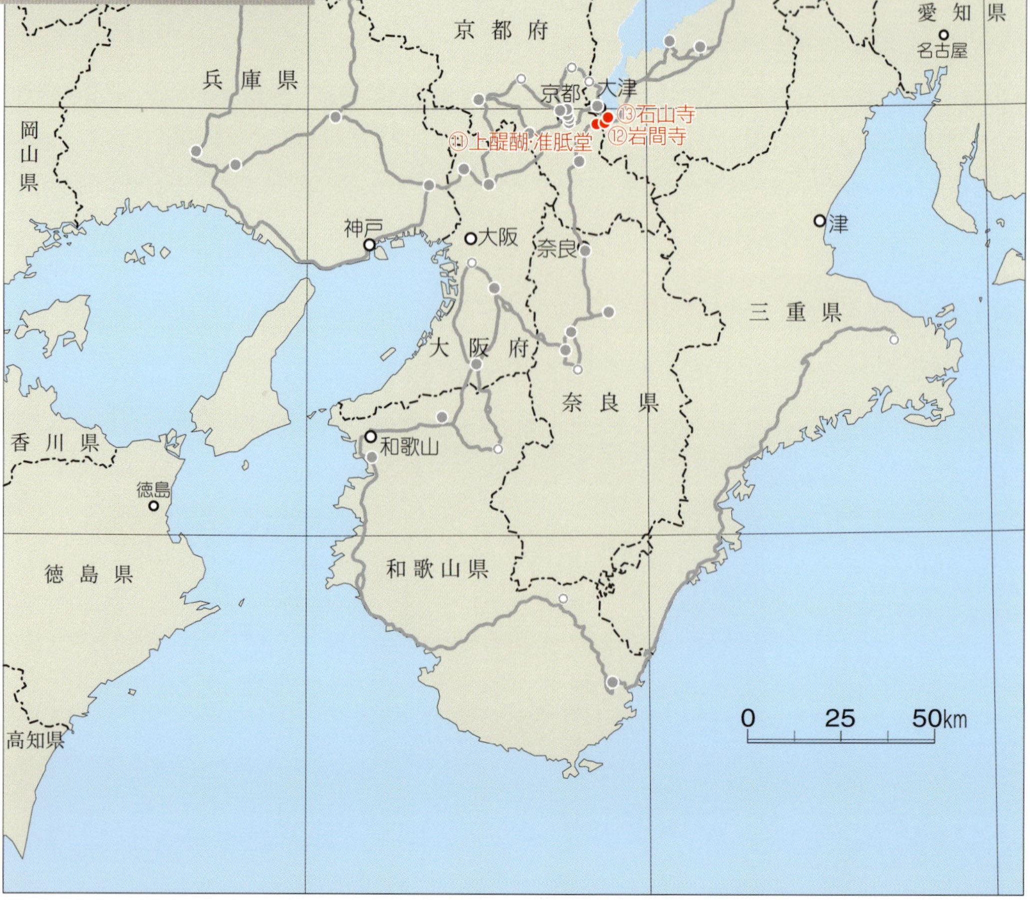

上醍醐・准胝堂から岩間寺と石山寺へ　1

上醍醐如意輪堂

清滝宮

宝篋印塔

岩間寺

上醍醐・准胝堂から岩間寺と石山寺へ 2

天明五年道標

石山寺

奥宮神社分岐

第十三番札所 石光山《せっこうざん》石山寺《いしやまでら》から逆打

第三十二番札所 繖山《きぬがささん》観音正寺《かんのんしょうじ》と

第三十一番札所 姨綺耶山《いきやさん》長命寺《ちょうめいじ》へ

長命寺

観音正寺

石山寺から逆打で観音正寺・長命寺へ　1

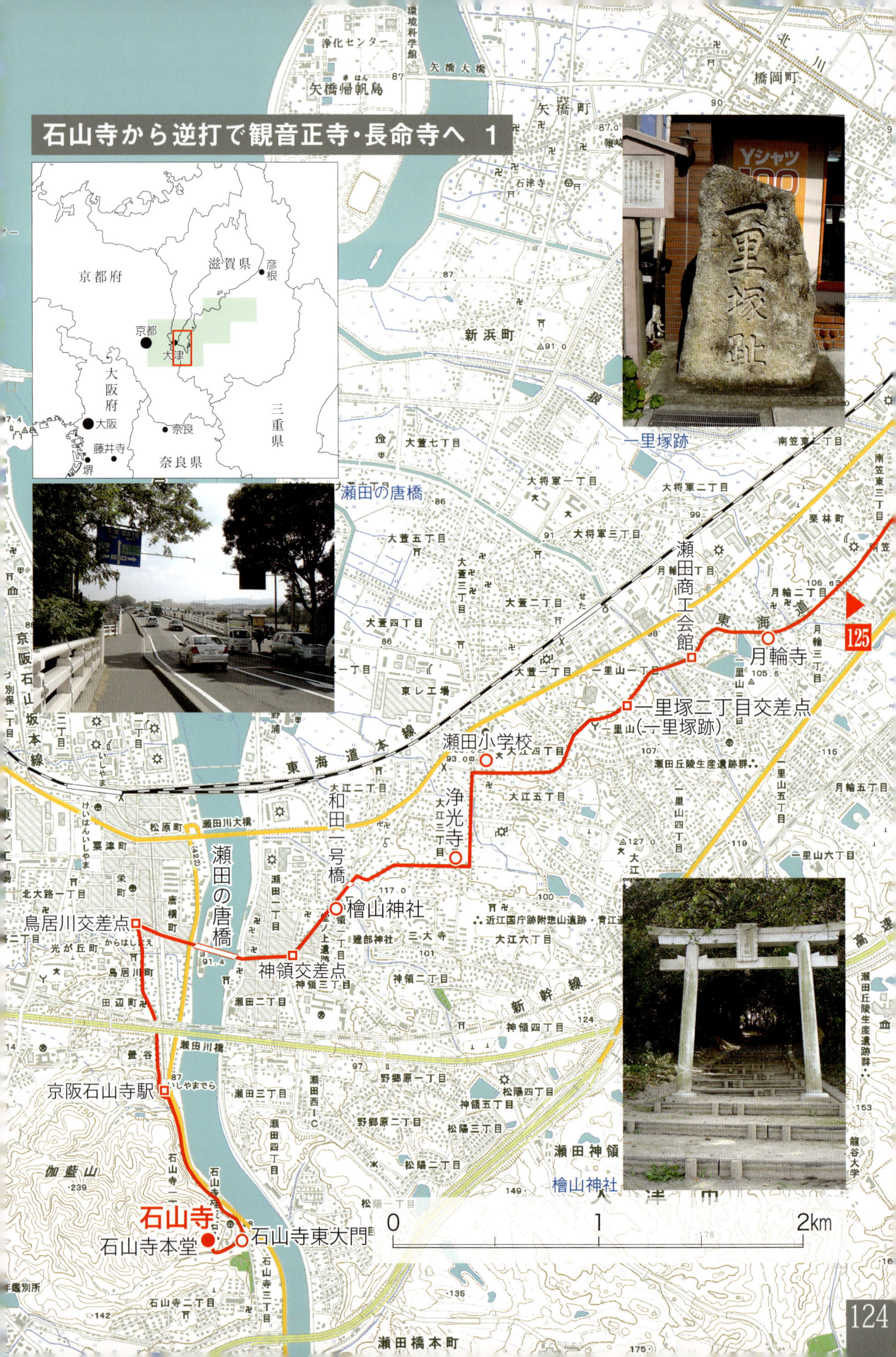

一里塚跡
瀬田の唐橋
檜山神社

石山寺から逆打で観音正寺・長命寺へ 2

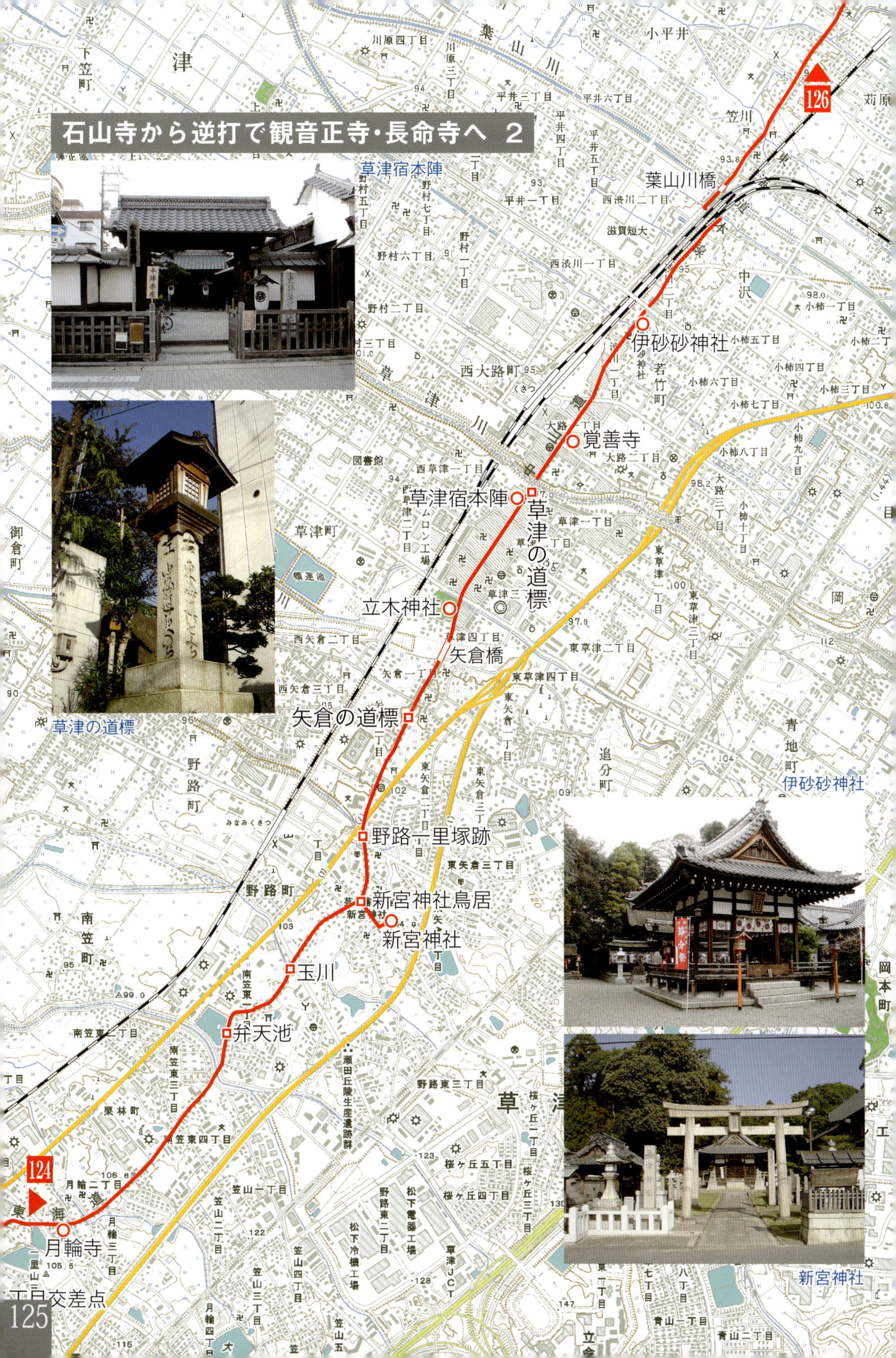

草津宿本陣

草津の道標

伊砂砂神社

新宮神社

石山寺から逆打で観音正寺・長命寺へ 3

延享元年道標

背競地蔵

石山寺から逆打で観音正寺・長命寺へ 4

「愛宕山」碑
132
十王町
「朝鮮人街道」碑
丸の内町
仁保橋
日野川
小南
高木交差点
高木
新家棟川橋
長島
北
中北
朝鮮人街道
太神宮常夜灯
上屋
永原
屋棟神社参道
冨波甲
冨波乙
128
家棟川
西池
小堤
小堤バス停
辻町
中山道
桜生史跡公園
大岩山古墳群
祇王井川
JR矢萩川踏切
野洲川小学校
小篠原
背競地蔵
朝鮮人街道起点
126
野洲市
妙光寺山
妙光寺
新川
家棟川
市
木部
虫生
八夫
体育館
五之里
久野部
日本IBM工場

太神宮常夜灯

屋棟神社

石山寺から逆打で観音正寺・長命寺へ 5

鏡神社

若宮神社

石山寺から逆打で観音正寺・長命寺へ 6

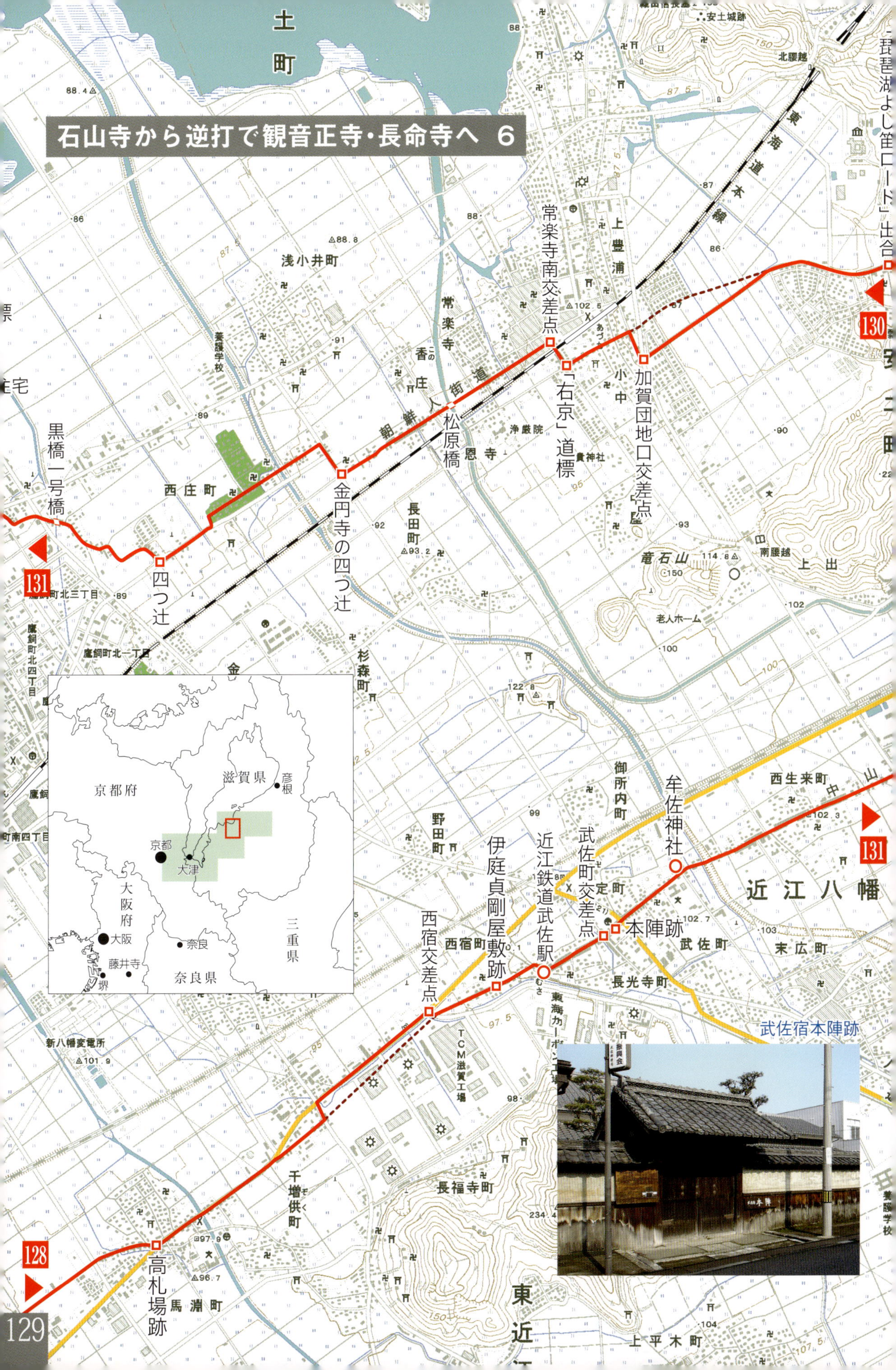

武佐宿本陣跡

桑実寺
表参道入口
観音正寺
「琵琶湖よし笛ロード」出合
桑実寺
観音寺城本丸跡
本堂
車道出合
教林寺分岐
日吉神社鳥居
表参道入口
「観音正寺従是拾五丁」道標
奥石神社
奥石神社鳥居
鎌若宮神社
常楽寺南交差点
「右京」道標
加賀団地口交差点
観音正寺道標
牟佐神社
武佐町交差点
本陣跡
近江鉄道武佐駅
牟佐神社
近江八幡市
中山道
東海道本線
新幹線
繖山《きぬがさ》（観音寺）
北須田町
南須田町
五個荘七里町
五個荘川並町
五個荘清水鼻町
上豊浦
小中
宮津
安
石寺
老蘇
西老蘇
西生来町
御所内町
竜石山
末広町
武佐町
長光寺町
北腰越
瓢箪山古墳
老蘇森
吉野工業所
老人ホーム
浄厳院
貴神社

石山寺から逆打で観音正寺・長命寺へ 7

旧ヴォーリズ住宅

「右京みち」道標

石山寺から逆打で観音正寺・長命寺へ 8

長命寺
長命寺町
日吉神社
長命寺参道入口
長命寺参道入口
北津田町
中之庄町
島町
渡合橋
百々神社
131
津田町
運動公園
鶴翼山《かくよくさん》（八幡山）
北之庄神社
南津田町
八王子神社参道
青根天満宮参道
船木町
船木交差点
宮内町
八幡山ロープウェイ
大房町
「右京みち」道標
池田本町
新栄町
近江八幡市
小船木町
諏訪神社
小船木橋
白鳥川
朝鮮人街道
加茂町
加茂神社分岐
八木町
田中江町
江頭町
小田町
127
「愛宕山」碑
小田神社
益田町
赤尾町《あこう》
中小森町
柳
京都府
滋賀県
彦根
京都
大津
大阪府
大阪
奈良
藤井寺
堺
奈良県
三重県
0
1
2km

長命寺

第十三番札所 石光山《せっこうざん》石山寺《いしやまでら》から

第十四番札所 長等山《ながらさん》園城寺《おんじょうじ》(三井寺《みいでら》)へ

三井寺

石山寺から三井寺へ　1

膳所城大津口総門跡
石坐神社
膳所城跡公園
膳所神社
若宮八幡神社
膳所城勢多口門跡
京阪石山坂本線
JR石山駅
松原西交差点
瀬田の唐橋
鳥居川交差点
京阪石山寺駅
石山寺
石山寺本堂
石山寺東大門
琵琶湖
近江大橋
東海道
新幹線
東レ工場
大津

三井寺観音堂
長等神社
北国海道出合
露国皇太子
遭難碑
札の辻
義仲寺
大津港
びわ湖ホール
神出開町
東海自然歩道
音羽山トンネル
高塚山
千頭岳
若葉台
国分二丁目
ダム建設中
京都府
滋賀県
兵庫県
大阪府
三重県
京都
大津
大阪
藤井寺
堺
富田林
大和高田
奈良
桜井
0
1
2km

長等神社

露国皇太子遭難碑

義仲寺

石坐神社

膳所神社

第十四番札所 長等山《ながらさん》園城寺《おんじょうじ》（三井寺《みいでら》）から京都市内へ
第十五番札所 新那智山《しんなちさん》観音寺《かんのんじ》（今熊野観音寺《いまくまのかんのんじ》）
第十六番札所 音羽山《おとわさん》清水寺《きよみずでら》
第十七番札所 補陀洛山《ふだらくさん》六波羅蜜寺《ろくはらみつじ》
第十八番札所 紫雲山《しうんざん》頂法寺《ちょうほうじ》（六角堂《ろっかくどう》）
第十九番札所 霊麀山《れいゆうざん》行願寺《ぎょうがんじ》（革堂《こうどう》）へ
——小関越《こぜきごえ》・比叡山越《ひえいざんごえ》

今熊野観音寺

六角堂

革堂

清水寺

六波羅蜜寺

三井寺から小関越で京都市内へ 1

三井寺（観音堂）

「三井寺観音道」碑

史跡「五条別れ」道標

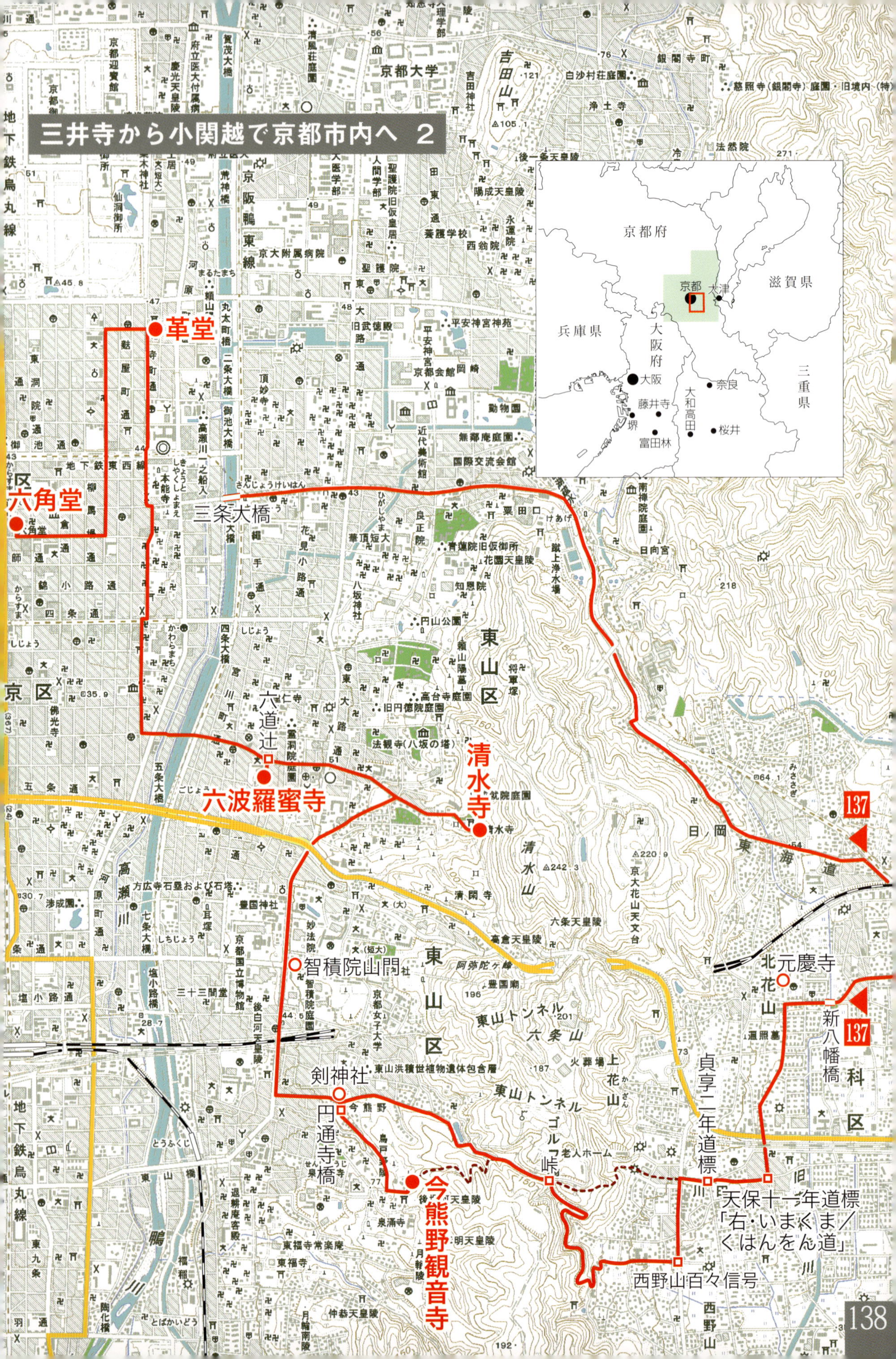
三井寺から小関越で京都市内へ 2
革堂
六角堂
三条大橋
六道辻
六波羅蜜寺
清水寺
智積院山門
剣神社
円通寺橋
今熊野観音寺
ゴルフ峠
西野山百々信号
貞享二年道標
天保十一年道標
「右・いまくま／くはんをん道」
新八幡橋
元慶寺
137
京都府
滋賀県
兵庫県
大阪府
三重県
京都
大津
大阪
奈良
藤井寺
大和高田
堺
富田林
桜井
東山区
山科区
京都大学
吉田山
清水山
東海道
日岡
東山トンネル
阿弥陀ヶ峰
北花山
上花山
西野山
鴨川
高瀬川
平安神宮
知恩院
八坂神社
円山公園
高台寺庭園
法観寺（八坂の塔）
京都国立博物館
京都女子大学
泉涌寺
東福寺
三十三間堂
豊国神社
妙法院

三井寺から比叡山越で京都市内へ 1

両社の辻

坂本城跡

文政十年道標

唐崎の松

三井寺から比叡山越で京都市内へ 2

亀塔

本坂起点

生源寺

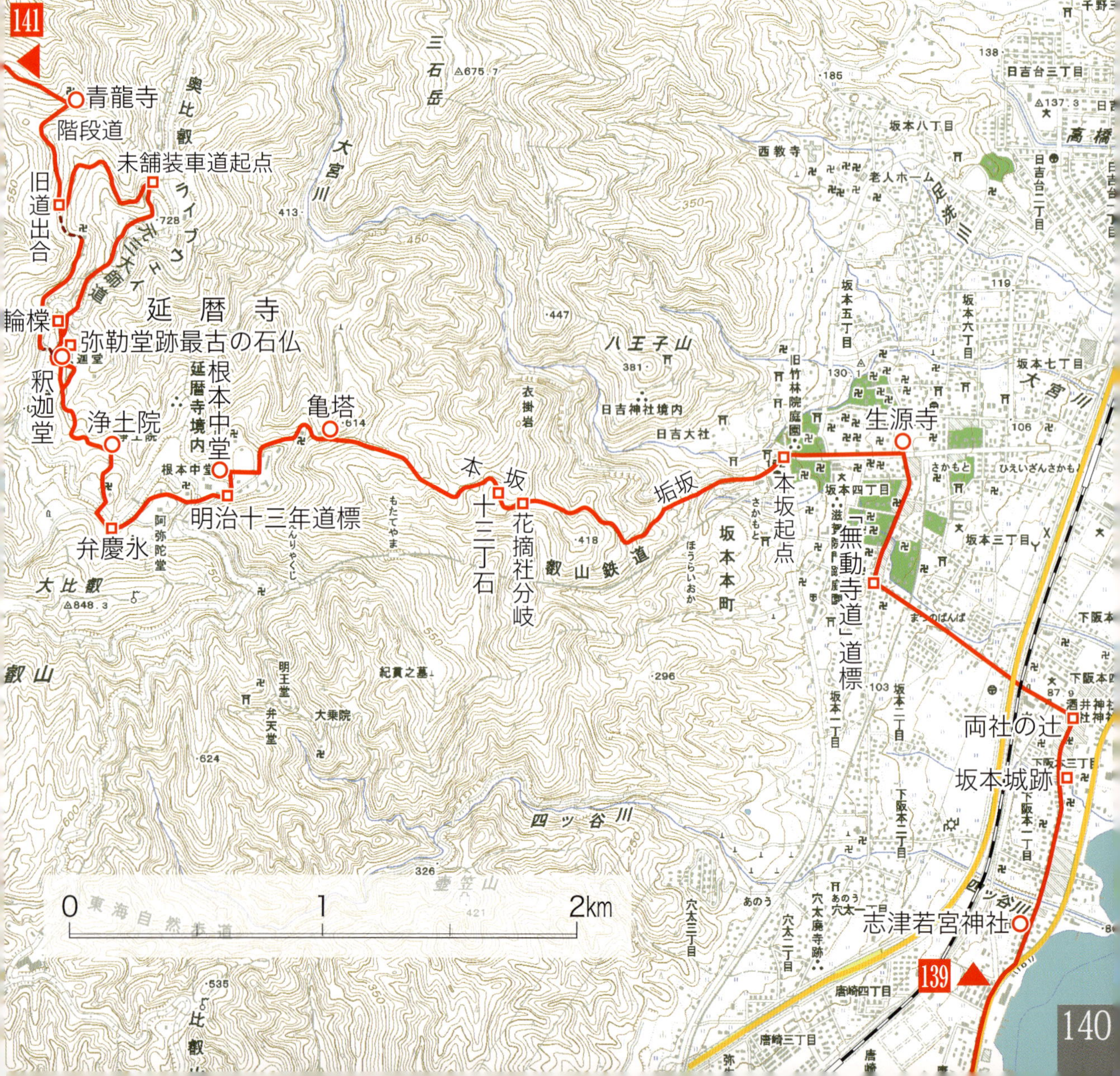

三井寺から比叡山越で京都市内へ 3

青龍寺

根本中堂

弥勒堂跡の石仏

三井寺から比叡山越で京都市内へ　4

貴船神社
鞍馬寺
鞍馬寺仁王門
延命地蔵寺
薬王坂
静原神社
東海自然歩道標
静原小学校
貴船川
叡山電鉄鞍馬線
貴船神社鳥居
静原川
静市
二ノ瀬町
鞍馬街道
野中町
市原町
市原橋
小町寺
静市市原町
原峠
長代川
上蔵町
西河原町
木野町
京都精華大学
京大演習
京都産業大学
岩倉
141
143

貴船神社鳥居

静原神社

鞍馬寺仁王門

上賀茂神社

上賀茂神社から随意、今熊野観音寺・清水寺・六波羅蜜寺・六角堂・革堂へ。

西国三十三所　道中間の距離表

（距離の単位はkmで示す）

従	到	順道	合計	逆打・廻り道	到着地最寄り駅	備考
（伊勢神宮から青岸渡寺）						
伊勢内宮宇治橋	伊勢外宮前			4.7	JR伊勢市駅・近鉄宇治山田駅	
伊勢外宮前	田丸大橋			8.6	JR紀勢線田丸駅	駅まで300m
田丸大橋	原の順礼道引観音碑			4.1		
原の順礼道引観音碑	女鬼峠登山口			2.9		
女鬼峠登山口	国束寺観音道標			1.9		
国束寺観音道標	柳原観音千福寺			1.9		
柳原観音千福寺	国道４２号新田交差点			3.4	JR紀勢線栃原駅	駅まで900m
国道４２号新田交差点	JR川添駅前			5.5	JR紀勢線川添駅	
JR川添駅前	JR三瀬谷駅前			7.3	JR紀勢線三瀬谷駅	
JR三瀬谷駅前	三瀬坂峠登り口			3.5		
三瀬坂峠登り口	滝原宮鳥居			3.4		本殿まで400m
滝原宮鳥居	大紀町役場前			1.2	JR紀勢線滝原駅	駅まで400m
大紀町役場前	阿曽観音堂			3.5	JR紀勢線阿曽駅	駅まで600m
阿曽観音堂	岩船橋			3.2		
岩船橋	笠木橋			3.5	JR紀勢線伊勢柏崎駅	駅まで600m
笠木橋	大内山一里塚			3.8		
大内山一里塚	JR大内山駅前			2.0	JR紀勢線大内山駅	
JR大内山駅前	JR梅ヶ谷駅前			2.5	JR紀勢線梅ヶ谷駅	
JR梅ヶ谷駅前	荷坂峠			2.8		
荷坂峠	道の駅「紀伊長島マンボウ」			3.0		
道の駅「紀伊長島マンボウ」	JR紀伊長島駅前			1.1	JR紀勢線紀伊長島駅	駅まで100m
JR紀伊長島駅前	仏光寺			1.5		
仏光寺	一石峠分岐（入口）			2.2		
一石峠分岐（入口）	三浦峠登山口			3.7		
三浦峠登山口	JR三野瀬駅前			2.4	JR紀勢線三野瀬駅	
JR三野瀬駅前	始神峠登山口			3.0		
始神峠登山口	海山町郷土資料館			5.1		
海山町郷土資料館	相賀神社			3.8	JR紀勢線相賀駅	駅まで350m
相賀神社	馬越峠登山口			2.3		
馬越峠登山口	北川橋			3.4	JR紀勢線尾鷲駅	駅まで900m
北川橋	八鬼山越登山口			3.6		
八鬼山越登山口	八鬼山峠			3.7		
八鬼山峠	八十川橋			5.1	JR紀勢線三木里駅	駅まで600m
八十川橋	三木峠登山口			1.6		
三木峠登山口	羽後峠の国史跡碑			2.0		
羽後峠の国史跡碑	JR賀田駅前			1.8	JR紀勢線賀田駅	
JR賀田駅前	曽根次郎太郎坂案内板			1.5		
曽根次郎太郎坂案内板	新逢川橋			4.3	JR紀勢線二木島駅	駅まで150m
新逢川橋	徳司神社			4.5	JR紀勢線新鹿駅	駅まで300m
徳司神社	JR波田須駅分岐			2.9	JR紀勢線波田須駅	駅まで200m
JR波田須駅分岐	大吹峠・観音道分岐			0.4		
大吹峠・観音道分岐	大泊橋			2.8	JR紀勢線大泊駅	駅まで450m
大吹峠・観音道分岐	泊観音堂経由大泊橋			3.0	JR紀勢線大泊駅	駅まで450m

従	到	順道	合計	逆打・廻り道	到着地最寄り駅	備考
大泊橋	国道井戸町交差点			2.6	JR紀勢線熊野市駅	駅まで500m
国道井戸町交差点	熊野市歴史民俗資料館			1.6	JR紀勢線有井駅	駅まで300m
熊野市歴史民俗資料館	JR神志山駅前			4.6	JR紀勢線神志山駅	
JR神志山駅前	JR紀伊市木駅前			1.5	JR紀勢線紀伊市木駅	
JR紀伊市木駅前	JR阿田和駅前			2.9	JR紀勢線阿田和駅	
JR阿田和駅前	見松寺分岐			5.2	JR紀勢線紀伊井田駅	駅まで300m
見松寺分岐	速玉大社前交差点			5.9	JR紀勢線新宮駅	駅まで1000m
速玉大社前交差点	広角一里塚跡			4.2		
広角一里塚跡	JR三輪崎駅前			2.1	JR紀勢線三輪崎駅	
JR三輪崎駅前	JR宇久井駅前			3.8	JR紀勢線宇久井駅	
JR宇久井駅前	補陀洛山寺			4.7	JR紀勢線那智駅	駅まで150m
補陀洛山寺	①青岸渡寺			6.2	JR紀勢線那智駅	駅まで路線バス
①青岸渡寺		1.0				
青岸渡寺	妙法山阿弥陀寺			2.5		
妙法山阿弥陀寺	大戸平古道入口			1.8		
大戸平古道入口	舟見峠	3.4				
舟見峠	地蔵茶屋跡	3.5				
地蔵茶屋跡	越前峠	1.6				
越前峠	小和瀬橋	5.5				
小和瀬橋	桜峠	3.1				
桜峠	百間ぐら	3.3				
百間ぐら	請川	4.8				
請川	熊野本宮大社	3.6			JR紀勢線紀伊田辺駅	龍神バス定期便
熊野本宮大社	湯峰温泉壷湯	2.9			JR紀勢線紀伊田辺駅	龍神バス定期便
湯峰温泉壷湯	鍋割地蔵	3.6				
鍋割地蔵	中辺路(熊野街道)出合	2.1				
中辺路(熊野街道)出合	三越峠	2.7				
三越峠	岩神峠	3.3				
岩神峠	秀衡桜	5.0				
秀衡桜	近露王子跡	3.6			JR紀勢線紀伊田辺駅	龍神バス定期便
近露王子跡	十丈峠	6.2				
十丈峠	熊野高原神社	3.5				
熊野高原神社	覗橋(下芝)	3.8			JR紀勢線紀伊田辺駅	龍神バス定期便
覗橋(下芝)	潮見峠	3.3				
潮見峠	長尾一里塚跡	5.5				
長尾一里塚跡	三栖一里塚跡	3.0				
三栖一里塚跡	田辺・安政四年道標	5.4			JR紀勢線紀伊田辺駅	駅まで500m
田辺・安政四年道標	芳養一里塚跡	3.2			JR紀勢線芳養駅	駅まで300m
芳養一里塚跡	鹿島神社	4.6			JR紀勢線南部駅	駅まで750m
鹿島神社	南部峠	3.2				
南部峠	JR岩代駅前	3.0			JR紀勢線岩代駅	
JR岩代駅前	中山王子神社	4.2				
中山王子神社	印南港交差点	4.5			JR紀勢線印南駅	駅まで1100m
印南港交差点	名田一里塚跡	7.3				
名田一里塚跡	天田橋西詰	3.6			紀州鉄道西御坊駅	駅まで900m
天田橋西詰	八幡橋	4.2			JR紀勢線道成寺駅	駅まで750m

従	到	順道	合計	逆打・廻り道	到着地最寄り駅	備考
天田橋西詰	藤井・道成寺経由八幡橋			4.5	JR紀勢線道成寺駅	駅まで750m
八幡橋	内原王寺神社	4.0			JR紀勢線紀伊内原駅	駅まで1100m
内原王寺神社	鹿ヶ瀬・西畑分岐	4.2				
鹿ヶ瀬・西畑分岐	鹿ヶ瀬峠	3.4				
鹿ヶ瀬峠	広橋	7.3			JR紀勢線湯浅駅	駅まで400m
広橋	逆川王子跡	2.6				
逆川王子跡	宮原橋	3.4			JR紀勢線紀伊宮原駅	駅まで700m
宮原橋	橘本神社	7.3				
橘本神社	JR海南駅前	4.6			JR紀勢線海南駅	
JR海南駅前	②紀三井寺	5.3	163.6		JR紀勢線紀三井寺駅	駅まで500m
②紀三井寺	京橋	8.6			JR・南海和歌山市駅	駅まで1000m
京橋	田井之瀬交差点	5.8			JR和歌山線田井ノ瀬駅	駅まで650m
田井之瀬交差点	船戸交差点	8.2			JR和歌山線船戸駅	駅まで300m
船戸交差点	子育地蔵	8.8			JR和歌山線紀伊長田駅	駅まで100m
子育地蔵	③粉河寺	2.8	34.2		JR和歌山線粉河駅	駅まで900m
③粉河寺		2.6			JR和歌山線名手駅	駅まで1600m
〈檜原越〉						
高野辻	国道480号起点	2.9			JR和歌山線西笠田駅	駅まで500m
国道480号起点	白岩橋	6.0				
白岩橋	定慶寺	3.1				
定慶寺	七越峠	2.5				
七越峠	④槇尾寺	5.7	22.8			
〈高野廻り〉						
高野辻	麻生津橋			2.2		
麻生津橋	麻生津峠			3.6		
麻生津峠	志賀小学校			5.4		
志賀小学校	花坂(矢立茶屋)			5.3		
花坂(矢立茶屋)	高野山大門			5.3	南海高野線高野山駅	南海バス
高野山大門	女人堂			2.2	南海高野線高野山駅	南海バス
女人堂	極楽橋			2.5	南海高野線極楽橋駅	駅まで200m
極楽橋	白藤小学校			1.5	南海高野線紀伊神谷駅	駅まで200m
白藤小学校	南海高野下駅前			4.7		
南海高野下駅前	丹生橋東詰			3.4	南海高野線九度山駅	駅まで850m
丹生橋東詰	嵯峨谷橋西詰			2.5	JR和歌山線中飯降駅	駅まで1100m
嵯峨谷橋西詰	嵯峨谷(山村体験交流センター)			4.6		
嵯峨谷(山村体験交流センター)	蔵王峠			3.9		
蔵王峠	光滝寺			4.0		
光滝寺	④槇尾寺			4.1		
〈大坂・堺廻り〉						
④槇尾寺	大川橋(槇尾山口)			4.5	泉北高速鉄道和泉中央駅	駅まで路線バス
大川橋(槇尾山口)	川中橋			4.6		
川中橋	南大阪変電所前交差点			1.8	泉北高速鉄道光明池駅	駅まで800m
南大阪変電所前交差点	JR鳳駅前			7.2	JR阪和線鳳駅	
JR鳳駅前	妙国寺			7.0	阪堺電気軌道妙国寺前駅	駅まで350m
妙国寺	住吉大社参道			3.8	南海本線住吉大社駅	駅まで100m
住吉大社参道	JR新今宮駅前			4.3	JR環状線新今宮駅	

従	到	順道	合計	逆打・廻り道	到着地最寄り駅	備考
JR新今宮駅前	四天王寺東門			1.8		
四天王寺東大門	大念仏寺			4.7	JR関西線平野駅	駅まで400m
大念仏寺	大堀小橋			5.7		
大堀小橋	⑤葛井寺			3.8	近鉄南大阪線藤井寺駅	駅まで250m
④槇尾寺〈順道〉	南面利の文化十年道標	4.4				
南面利の文化十年道標	西代観音堂	6.3			近鉄・南海河内長野駅	駅まで900m
西代観音堂	「すぐまき尾山」道標	4.1			近鉄長野線滝谷不動駅	駅まで150m
「すぐまき尾山」道標	富田林・地蔵堂	4.0			近鉄長野線富田林駅	駅まで200m
富田林・地蔵堂	竹内街道出合	5.7			近鉄長野線古市駅	駅まで800m
竹内街道出合	⑤葛井寺	2.5	27.0		近鉄南大阪線藤井寺駅	駅まで250m
⑤葛井寺	道明寺天満宮	2.2				
道明寺天満宮	誉田の道標	1.3				
葛井寺本堂	「左つぼ坂よしの」道標			1.6		
「左つぼ坂よしの」道標	誉田の道標			1.1		
誉田の道標	古市蓑の辻	0.7			近鉄長野線古市駅	駅まで350m
古市蓑の辻	川向の道標	0.8				
川向の道標	壺井八幡宮常夜灯	2.7				
壺井八幡宮常夜灯	磯長墓	2.5				
磯長墓	角屋の辻	0.9				
角屋の辻	近鉄上ノ太子駅			2.8	近鉄南大阪線上ノ太子駅	
近鉄上ノ太子駅	角屋の辻			1.8		
角屋の辻	岩屋口	2.5				
岩屋口	当麻寺黒門	2.7				
当麻寺黒門	長尾街道出合	2.2			近鉄南大阪線磐城駅	駅まで400m
岩屋口	竹内峠経由長尾街道出合			3.9	近鉄南大阪線磐城駅	駅まで400m
長尾街道出合	新庄村道路元標	3.3			近鉄御所線近鉄新庄駅	駅まで550m
新庄村道路元標	御所市新地商店街	3.9			近鉄御所線近鉄御所駅	駅まで300m
御所市新地商店街	郡界橋	3.2				
郡界橋	高取町道路元標	3.8			近鉄吉野線壷阪山駅	駅まで500m
高取町道路元標	⑥壺阪寺	3.0	35.7		近鉄吉野線壷阪山駅	駅まで路線バス
⑥壺阪寺	高取町道路元標	3.0				
高取町道路元標	ほうねん橋道標	2.2			近鉄吉野線飛鳥駅	駅まで100m
ほうねん橋道標	⑦岡寺	3.2	8.4		近鉄吉野線橿原神宮駅	駅まで路線バス
〈吉野廻り〉						
⑥壺阪寺	奥越部			3.9		
奥越部	国道出合			2.2	近鉄吉野線越部駅	駅まで200m
国道出合	柳の渡し			2.5	近鉄吉野線六田駅	駅まで650m
柳の渡し	金峯山寺蔵王堂			4.7		
金峯山寺蔵王堂	大橋・ロープウエイ吉野山駅			0.6	吉野ロープウエイ吉野山駅	
大橋・ロープウエイ吉野山駅	桜橋			3.4	近鉄吉野線大和上市駅	駅まで1300m
桜橋	千股観音堂			2.6		
千股観音堂	滝畑			2.0		
滝畑	竜在峠			1.6		
竜在峠	妙楽寺西大門跡(談山神社)			3.1		
妙楽寺西大門跡(談山神社)	⑦岡寺			4.7	近鉄吉野線橿原神宮駅	駅まで路線バス
⑦岡寺	飛鳥資料館	2.6				

従	到	順道	合計	逆打・廻り道	到着地最寄り駅	備考
飛鳥資料館	安倍文殊院	2.7				
安倍文殊院	桜井札の辻	1.7			JR・近鉄桜井駅	駅まで400m
桜井札の辻	慈恩寺追分	1.9			近鉄大阪線大和朝倉駅	駅まで200m
慈恩寺追分	⑧長谷寺	4.8	13.7		近鉄大阪線長谷寺駅	駅まで1300m
⑧長谷寺	慈恩寺追分	4.8			近鉄大阪線大和朝倉駅	駅まで200m
慈恩寺追分	大神神社拝殿	2.2			JR桜井線三輪駅	駅まで650m
大神神社拝殿	箸墓古墳	2.2			JR桜井線巻向駅	駅まで600m
箸墓古墳	五智堂	2.4			JR桜井線柳本駅	駅まで500m
五智堂	天理本通り	4.8			JR・近鉄天理駅	駅まで250m
天理本通り	龍象寺	5.0			JR桜井線帯解駅	駅まで100m
龍象寺	⑨南円堂	4.5	25.9		近鉄奈良線奈良駅	駅まで350m
⑨南円堂	奈良豆比古神社	2.9				
奈良豆比古神社	泉大橋	5.1				
泉大橋	不動橋	5.9				
不動橋	玉川橋	1.9			JR奈良線玉水駅	駅まで500m
玉川橋	「是北長池十五丁」道標	4.5			JR奈良線山城青谷駅	駅まで250m
「是北長池十五丁」道標	旧旅籠松屋	1.8			JR奈良線長池駅	駅まで100m
旧旅籠松屋	広野町東裏交差点	4.2			JR新田駅・近鉄大久保駅	駅まで250m
広野町東裏交差点	宇治橋	3.9			JR・京阪宇治駅	駅まで550m
宇治橋	⑩三室戸寺	1.6	31.8			
⑩三室戸寺	萬福寺山門	2.8			JR・京阪黄檗駅	駅まで150m・400m
萬福寺山門	六地蔵高札場跡	2.4			JR・京阪六地蔵駅	駅まで200m・300m
六地蔵高札場跡	醍醐寺総門	3.1				
醍醐寺総門	⑪上醍醐・准胝堂	2.7	11			
⑪上醍醐・准胝堂	西笠取清滝宮鳥居	2.3				
西笠取清滝宮鳥居	⑫岩間寺	3.6	5.9			
⑫岩間寺	⑬石山寺	5.6	5.6		京阪石山坂本線石山寺駅	駅まで1100m
〈逆打、観音正寺・長命寺へ〉						
⑬石山寺	瀬田唐橋西詰			1.8	京阪石山坂本線唐橋駅	駅まで200m
瀬田唐橋西詰	月輪寺			3.8	JR東海道本線瀬田駅	駅まで1200m
月輪寺	草津宿本陣			4.3	JR東海道本線草津駅	駅まで800m
草津宿本陣	今宿一里塚			4.6	JR東海道本線守山駅	駅まで1000m
今宿一里塚	朝鮮人街道起点			3.6	JR東海道本線野洲駅	駅まで550m
朝鮮人街道起点	鏡神社			6.1		
鏡神社	高札場跡			4.3		
高札場跡	近江鉄道武佐駅			2.4	近江鉄道八日市線武佐駅	
近江鉄道武佐駅	奥石神社鳥居			3.3		
奥石神社鳥居	㉜観音正寺			2.0		
㉜観音正寺	常楽寺南交差点			3.4	JR東海道本線安土駅	駅まで200m
常楽寺南交差点	音羽町交差点			3.4		
音羽町交差点	「長命寺五十丁」道標			1.3		
「長命寺五十丁」道標	百々神社			3.0		
百々神社	㉛長命寺			3.1		
㉛長命寺	船木交差点			3.3		
船木交差点	仁保橋			5.1		
仁保橋	祇王井川			4.2		

従	到	順道	合計	逆打・廻り道	到着地最寄り駅	備考
祇王井川	朝鮮人街道分岐			1.8	JR東海道本線野洲駅	駅まで550m
朝鮮人街道分岐	鳥居川交差点			17.2	京阪石山坂本線唐橋駅	駅まで200m
⑬石山寺	鳥居川交差点	0.8			京阪石山坂本線唐橋駅	駅まで100m
鳥居川交差点	JR石山駅南口	0.7			JR東海道本線石山駅	
JR石山駅南口	若宮八幡神社	1.3				
若宮八幡神社	義仲寺	2.8			京阪石山坂本線膳所駅	駅まで400m
義仲寺	⑭三井寺観音堂	2.6	8.2		京阪石山坂本線三井寺駅	駅まで700m
⑭三井寺観音堂						
〈小関越〉	晋門寺	2.2				
晋門寺	「三井寺観音堂」碑	1.5				
「三井寺観音堂」碑	「五条別れ」道標	1.6			JR東海道本線山科駅	駅まで700m
「五条別れ」道標	三条大橋			4.7		
「五条別れ」道標	貞享二年道標	2.4				
貞享二年道標	⑮今熊野観音寺	3.7	11.4			
〈比叡山越〉						
⑭三井寺	唐崎の松			5.3		
唐崎の松	両社の辻			1.8		
両社の辻	比叡山本坂起点			1.9	京阪石山坂本線坂本駅	駅まで600m
比叡山本坂起点	根本中堂			2.8		
根本中堂	釈迦堂			1.5		
釈迦堂	青龍寺			2.0		
青龍寺	八瀬秋元町			1.5		
八瀬秋元町	花尻橋			1.9		
花尻橋	江文峠			2.1		
江文峠	静原神社			2.0		
静原神社	鞍馬寺本殿			2.8	叡山電鉄鞍馬線鞍馬駅	駅まで900m
鞍馬寺本殿	貴船神社			1.4		
貴船神社	叡山電鉄貴船口駅			2.1	叡山電鉄鞍馬線貴船口駅	
叡山電鉄貴船口駅	小町寺			2.5		
小町寺	上賀茂神社			4.1		

【下巻の内容】

第二十四番札所　紫雲山　中山寺から兵庫廻りで
第二十七番札所　書寫山　圓教寺へ

第二十五番札所　御嶽山　播州清水寺から
第二十八番札所　成相山　成相寺へ

第二十七番札所　書寫山　圓教寺から
第二十八番札所　成相山　成相寺へ

第二十八番札所　成相山　成相寺から
第二十九番札所　青葉山　松尾寺へ

第二十九番札所　青葉山　松尾寺から
第三十番札所　竹生島　宝厳寺へ

第三十番札所　竹生島　宝厳寺から
中山道番場宿へ

第三十二番札所　繖山　観音正寺から
第三十三番札所　谷汲山　華厳寺へ

西国三十三所　道中間の距離表

◎著者紹介
森沢　義信（もりさわ　よしのぶ）
一九四一年福井県福井市生まれ。
一九六四年に大阪外国語大学（現大阪大学外国語学部）
インド語科を卒業。
現在、日本山岳会関西支部会員。
著書に『奈良80山』（青山社）、『大峯奥駈道七十五靡』
（ナカニシヤ出版）があり、日本山岳会編著『新日本山岳誌』
（ナカニシヤ出版）の大峰山脈の部を担当。
住所　〒六三六―〇一五四
奈良県生駒郡斑鳩町龍田西三丁目一一―一五

西国三十三所道中案内地図【上】

二〇一〇年七月十七日　第一版第一刷発行

著　者　森沢　義信
発行者　中西　健夫
発行所　株式会社　ナカニシヤ出版
京都市左京区一乗寺木ノ本町一五番地
〒六〇六―八一六一
電話（〇七五）七二三―〇一一一
ファクス（〇七五）七二三―〇〇九五
振替　〇一〇三〇―〇―一三一二八
URL http://www.nakanishiya.co.jp
E-mail　iihon-ippai@nakanishiya.co.jp

印刷・製本　ファインワークス
写真撮影　森沢義信
装幀・地図　竹内康之

＊定価はカバーに表示してあります＊

ISBN978-4-7795-0434-1 C0025

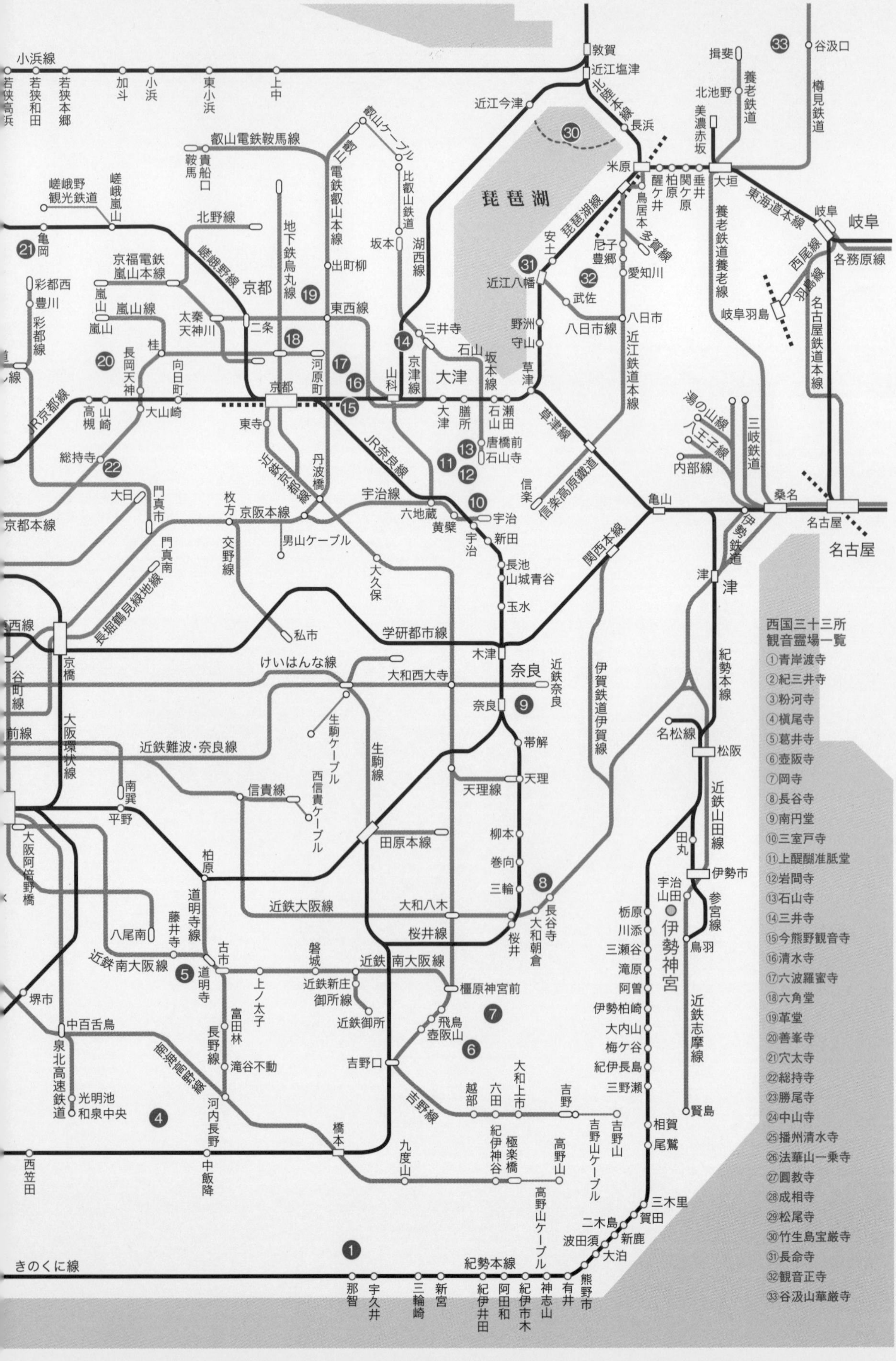
西国三十三所
観音霊場一覧
①青岸渡寺
②紀三井寺
③粉河寺
④槇尾寺
⑤葛井寺
⑥壺阪寺
⑦岡寺
⑧長谷寺
⑨南円堂
⑩三室戸寺
⑪上醍醐准胝堂
⑫岩間寺
⑬石山寺
⑭三井寺
⑮今熊野観音寺
⑯清水寺
⑰六波羅蜜寺
⑱六角堂
⑲革堂
⑳善峯寺
㉑穴太寺
㉒総持寺
㉓勝尾寺
㉔中山寺
㉕播州清水寺
㉖法華山一乗寺
㉗圓教寺
㉘成相寺
㉙松尾寺
㉚竹生島宝厳寺
㉛長命寺
㉜観音正寺
㉝谷汲山華厳寺
琵琶湖
京都
大津
奈良
岐阜
名古屋
津
伊勢神宮
小浜線
若狭高浜
若狭和田
若狭本郷
加斗
小浜
東小浜
上中
敦賀
近江塩津
北陸本線
近江今津
長浜
米原
醒ケ井
柏原
関ケ原
垂井
大垣
揖斐
養老鉄道
北池野
美濃赤坂
谷汲口
樽見鉄道
東海道本線
岐阜
各務原線
西尾線
羽島線
岐阜羽島
名古屋鉄道本線
養老鉄道養老線
鳥居本
多賀線
尼子
豊郷
愛知川
琵琶湖線
安土
近江八幡
武佐
八日市
八日市線
近江鉄道本線
叡山ケーブル
比叡山鉄道
叡山電鉄叡山本線
叡山電鉄鞍馬線
鞍馬
貴船口
坂本
湖西線
出町柳
地下鉄烏丸線
嵯峨野観光鉄道
嵯峨嵐山
亀岡
北野線
嵯峨野線
京福電鉄嵐山本線
嵐山
嵐山線
太秦天神川
二条
東西線
彩都西
豊川
彩都線
桂
長岡天神
向日町
河原町
三井寺
山科
京津線
石山
坂本線
野洲
守山
草津
京都
東寺
JR京都線
高槻
山崎
大山崎
大津
膳所
石山
瀬田
唐橋前
石山寺
草津線
信楽
信楽高原鐵道
近鉄京都線
丹波橋
JR奈良線
宇治線
六地蔵
黄檗
宇治
新田
総持寺
大日
門真市
京都本線
枚方
京阪本線
男山ケーブル
交野線
門真南
長堀鶴見緑地線
大久保
長池
山城青谷
玉水
私市
学研都市線
木津
関西本線
亀山
湯の山線
八王子線
内部線
三岐鉄道
桑名
名古屋
伊勢鉄道
津
伊賀鉄道伊賀線
紀勢本線
名松線
松阪
近鉄山田線
田丸
伊勢市
宇治山田
参宮線
鳥羽
近鉄志摩線
賢島
西線
京橋
谷町線
大阪環状線
前線
けいはんな線
大和西大寺
近鉄奈良
生駒ケーブル
生駒線
近鉄難波・奈良線
奈良
帯解
天理
天理線
南巽
平野
信貴線
西信貴ケーブル
大阪阿倍野橋
田原本線
柳本
巻向
三輪
柏原
道明寺線
藤井寺
近鉄大阪線
大和八木
長谷寺
大和朝倉
桜井
桜井線
八尾南
近鉄南大阪線
古市
道明寺
磐城
近鉄新庄
御所線
近鉄御所
上ノ太子
橿原神宮前
飛鳥
壺阪山
堺市
中百舌鳥
泉北高速鉄道
光明池
和泉中央
南海高野線
富田林
長野線
滝谷不動
河内長野
吉野口
吉野線
越部
六田
大和上市
吉野
吉野山
吉野山ケーブル
橋本
西笠田
中飯降
九度山
紀伊神谷
極楽橋
高野山
高野山ケーブル
栃原
川添
三瀬谷
滝原
阿曽
伊勢柏崎
大内山
梅ケ谷
紀伊長島
三野瀬
相賀
尾鷲
三木里
賀田
二木島
新鹿
波田須
大泊
熊野市
有井
神志山
紀伊市木
阿田和
紀伊井田
新宮
三輪崎
宇久井
那智
紀勢本線
きのくに線